आर॰ गुप्ता® कृत

पॉपुलर

मिनी
इंग्लिश स्पीकिंग कोर्स

अंग्रेजी बोलचाल सीखने हेतु एक उपयोगी पुस्तक

लेखक :

अखिलेश कुमार

रमेश पब्लिशिंग हाउस, नई दिल्ली

प्रकाशकः ओ॰पी॰ गुप्ता, रमेश पब्लिशिंग हाउस

प्रशासनिक कार्यालय

12-H, न्यू दरियागंज रोड, आफिसर्स मेस के सामने,
नई दिल्ली-110002 ℃ 23261567, 23275224, 23275124
E-mail: info@rameshpublishinghouse.com
Website: www.rameshpublishinghouse.com

विक्रय केन्द्र

● बालाजी मार्किट, नई सड़क, दिल्ली-6 ℃ 23253720, 23282525
● 4457, नई सड़क, दिल्ली-6, ℃ 23918938

© सर्वाधिकार प्रकाशकाधीन हैं।

Book Code: R-657

28th Edition: 1810

ISBN: 978-93-5012-677-6

HSN Code: 49011010

अनुक्रमणिका

R. Gupta's®

ENGLISH IMPROVEMENT BOOKS

Book Name	Code	Price (₹)
Spoken & Communicative English	R-1801	295
General English for Competitive Exams (MCQs)	R-1762	90
The English Enhancement Book	R-1720	180
Common Errors in English (English-Hindi)	R-1709	210
Spoken English	R-1654	210
All About English	R-1391	260
Treasury of Synonyms & Antonyms (Words with Hindi Meanings)	R-1348	180
All Time English	R-1100	120
The Right & Wrong English (Volume-I)	R-1076	140
The Right & Wrong English (Volume-II)	R-1077	140
The Right & Wrong English (Volume-III)	R-1078	140
Dealing with English Made Easy	R-1042	120
Popular English Grammar for Competitions	R-938	110
Popular English-Grammar (with Hindi Explanation)	R-204	145
English Grammar	R-611	195
English Grammar & Composition	R-783	130
English Grammar & Comprehension	R-705	130
Pocket English Grammar	R-676	40
A Concise English Grammar	R-269	60
General Grammar & Interactive English	R-452	140
English Literature & Grammar	R-378	110
English Reading Comprehension	R-303	170
Gloria English Speaking Course (Hindi-English)	R-218	310
पॉपुलर मिनी इंगलिश स्पीकिंग कोर्स	R-657	70
English Improvement Course	R-358	280

Ramesh Publishing House

12-H, New Daryaganj Road,
Opp. Officers' Mess, Delhi-110002

For Online Shopping visit: www.rameshpublishinghouse.com

ALPHABETS (एल्फाबेट्स)
वर्णमाला

किसी भी भाषा को सीखने के लिए यह आवश्यक होता है कि उस भाषा की लिपि व वर्णमाला का ज्ञान प्राप्त किया जाए। हिन्दी भाषा को जिस लिपि में लिखा जाता है, वह देवनागरी लिपि है। अंग्रेजी भाषा को रोमन लिपि में लिखा जाता है। देवनागरी लिपि की यह विशेषता है कि उसमें जैसा लिखा जाता है, ठीक वैसा ही पढ़ा जाता है, किंतु अंग्रेजी में एक ही वर्ण का उच्चारण भिन्न-भिन्न प्रकार से होता है।

ALPHABETS (अल्फाबेट्स)
वर्णमाला

अंग्रेजी वर्णमाला में 26 Letters (लैटर्स/वर्ण) होते हैं। इस भाषा में हिन्दी भाषा की भांति मात्राएं नहीं होती हैं। अंग्रेजी के Letters (लैटर्स/वर्ण या अक्षर) दो प्रकार के होते हैं। (1) Capital Letters (कैपिटल लैटर्स/बड़े अक्षर (2) Small Letters (स्माल लैटर्स/छोटे अक्षर)। इन दोनों प्रकार के अक्षरों को भिन्न प्रकार से लिखा जाता है।

CAPITAL LETTERS FOR PRINTING
कैपिटल लैटर्स फॉर प्रिंटिंग (छपाई के बड़े अक्षर)

S. No.	English Letters इंगलिश लैटर्स (अंग्रेजी अक्षर)	Hindi Pronunciation हिन्दी प्रनन्सिएशन (हिन्दी उच्चारण)
1.	A	ए
2.	B	बी

S. No.	English Letters इंगलिश लैटर्स (अंग्रेजी अक्षर)	Hindi Pronunciation हिन्दी प्रनन्सिएशन (हिन्दी उच्चारण)
3.	C	सी
4.	D	डी
5.	E	ई
6.	F	एफ
7.	G	जी
8.	H	एच
9.	I	आई
10.	J	जे
11.	K	के
12.	L	एल
13.	M	एम
14.	N	एन
15.	O	ओ
16.	P	पी
17.	Q	क्यू
18.	R	आर
19.	S	एस
20.	T	टी
21.	U	यू
22.	V	वी
23.	W	डब्ल्यू
24.	X	एक्स
25.	Y	वाई
26.	Z	जैड

SMALL LETTERS FOR PRINTING
स्माल लैटर्स फॉर प्रिंटिंग (छपाई के छोटे अक्षर)

S. No.	English Letters इंगलिश लैटर्स (अंग्रेजी अक्षर)	Hindi Pronunciation हिन्दी प्रनन्सिएशन (हिन्दी उच्चारण)
1.	a	ए
2.	b	बी
3.	c	सी
4.	d	डी
5.	e	ई
6.	f	एफ
7.	g	जी
8.	h	एच
9.	i	आई
10.	j	जे
11.	k	के
12.	l	एल
13.	m	एम
14.	n	एन
15.	o	ओ
16.	p	पी
17.	q	क्यू
18.	r	आर
19.	s	एस
20.	t	टी
21.	u	यू
22.	v	वी
23.	w	डब्ल्यू
24.	x	एक्स
25.	y	वाई
26.	z	जैड

CAPITAL LETTERS FOR WRITING
कैपिटल लैटर्स फॉर राइटिंग (लिखने के बड़े अक्षर)

A	B	C	D	E	F	G
ए	बी	सी	डी	ई	एफ	जी
H	I	J	K	L	M	N
एच	आई	जे	के	एल	एम	एन
O	P	Q	R	S	T	U
ओ	पी	क्यू	आर	एस	टी	यू
V	W	X	Y	Z		
वी	डब्ल्यू	एक्स	वाई	जैड		

Capital Letters (बड़े अक्षरों) को चार लाइनों में लिखने की विधि :

अंग्रेजी के अक्षर लिखने का अभ्यास चार लाइनों वाली कापी पर किया जाता है। अंग्रेजी के अक्षरों को साधारण कापी पर लिखने से अक्षरों में कोई परिवर्तन नहीं होता, किंतु इनकी बनावट में कुछ अन्तर आ जाता है।

A B C D E F G

H I J K L M N

O P Q R S T U

V W X Y Z

SMALL LETTERS FOR WRITING
स्माल लैटर्स फॉर राइटिंग (लिखने के छोटे अक्षर)

a	b	c	d	e	f	g
ए	बी	सी	डी	ई	एफ	जी
h	i	j	k	l	m	n
एच	आई	जे	के	एल	एम	एन
o	p	q	r	s	t	u
ओ	पी	क्यू	आर	एस	टी	यू
v	w	x	y	z		
वी	डब्ल्यू	एक्स	वाई	जैड		

Small Letters (छोटे अक्षरों) को चार लाइनों में लिखने की विधि :

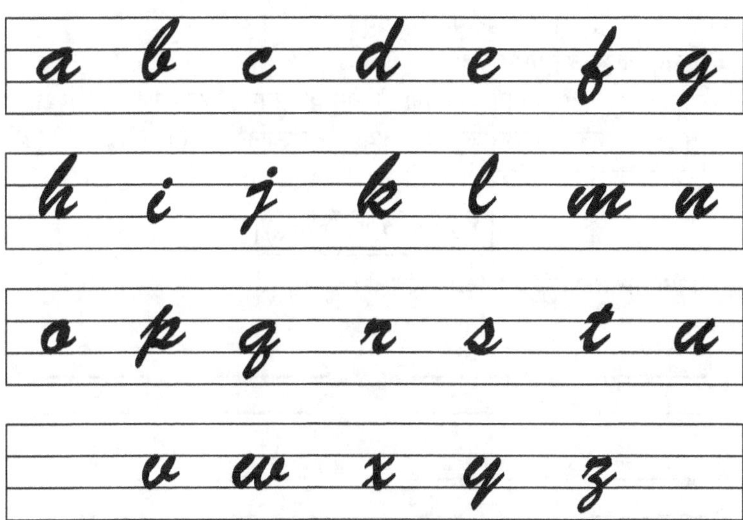

USE OF ENGLISH LETTERS
यूज ऑफ इंग्लिश लैटर्स (अंग्रेजी अक्षरों का प्रयोग)

अंग्रेजी वर्णमाला में 26 अक्षर होते हैं। इन अक्षरों को दो भागों में विभाजित किया गया है।

1. **Vowels वॉवेल्स (स्वर):** अंग्रेजी के, AEIOU ये पांच वर्ण स्वर हैं
2. **Consonants कॉन्सोनेन्ट्स (व्यंजन):** अंग्रेजी में 21 व्यंजन होते हैं। ये हैं B, C, D, F, G, H, J, K, L, M, N, P, Q, R, S, T, V, W, X, Y, Z.

● स्वर और व्यंजन मिलकर ही शब्द बनाते हैं।

अंग्रेजी के बड़े अक्षरों का प्रयोग:

● व्यक्तिवाचक शब्दों जैसे किसी देश, स्थान, पहाड़, नदी, मनुष्य आदि के नाम का प्रथम अक्षर

● किसी मनुष्य की उपाधि या पुस्तक के शीर्षक का प्रथम अक्षर

● कहे गए किसी कथन के प्रथम शब्द का प्रथम अक्षर

● ईश्वर के नाम तथा ईश्वर के लिए प्रयुक्त सर्वनाम का प्रथम अक्षर,

● प्रत्येक वाक्य का प्रथम अक्षर

● सप्ताह के दिनों के नाम व महीनों के नाम का प्रथम अक्षर आदि को बड़े अक्षरों में लिखा जाता है। उपरोक्त के अलावा अन्य स्थानों पर Small Letters (छोटे अक्षरों) का प्रयोग किया जाता है।

EXERCISE (अभ्यास)

निम्नलिखित अक्षरों का उच्चारण लिखो।

W	M	I	H
___	___	___	___
A	D	L	S
___	___	___	___
O	G	X	V
___	___	___	___

N   E   B   U

C   J   F   K

P   T   Q   R

Z   Y

2

PRONUNCIATION (प्रनन्सिएशन)
उच्चारण

सही और प्रभावशाली अंग्रेजी बोलने के लिए अंग्रेजी वर्णों की ध्वनि व उच्चारण का ज्ञान होना आवश्यक होता है। अंग्रेजी वर्णों की अनेक ध्वनियां होती हैं। इसी कारण इनके उच्चारण की एक निश्चित योजना तय नहीं की जा सकती। कई बार अंग्रेजी का एक ही वर्ण अनेक ध्वनियां उत्पन्न करता है तो कई बार भिन्न-भिन्न वर्ण समान ध्वनि उत्पन्न करते हैं। अंग्रेजी वर्णों की ठीक ध्वनियों और शब्दों के ठीक उच्चारण का ज्ञान पाने के लिए आवश्यक है कि न केवल अभ्यास किया जाए, बल्कि रेडियो, टेलीविजन आदि माध्यमों पर प्रसारित होने वाले अंग्रेजी के कार्यक्रमों को भी सुना जाए।

Vowels (स्वर ध्वनियां)

वर्ण	ध्वनि	उदाहरण	उच्चारण	अर्थ
a	ए	Mate	मेट	सहायक
		Fate	फेट	भाग्य
		Hate	हेट	घृणा करना
		Late	लेट	देर
	ऐ	Cat	कैट	बिल्ली
		Rat	रैट	चूहा
		Fat	फैट	मोटा
		Mat	मैट	चटाई
	अ	Ash	ऐश	राख
		Ass	ऐस्स	गदहा

वर्ण	ध्वनि	उदाहरण	उच्चारण	अर्थ
		Apple	ऐपल	सेब
		Anil	अनिल	—
	आ	War	वार	युद्ध
		Far	फार	दूर
		Jar	जार	मर्तबान
e	ई	Eye	आई	आँख
	इ	Eleven	इलेवन	ग्यारह
	ई	Ear	ईअर	कान
	ऐ	Ever	ऐवर	सदा
i	इ	It	इट	यह
	ई	Idiot	ईडियट	पागल
	आई	Iron	आइरन	लोहा
o	अ	Son	सन	पुत्र
	आ	out	आउट	बाहर
	ओ	on	ऑन	ऊपर
	औ	or	और	या
u	अ	Hut	हट	झोंपड़ी
	उ	Put	पुट	रखना
	ऊ	rule	रूल	नियम
	यू	fuel	फ्यूल	ईंधन

Consonants (कंसोनेन्ट्स व्यंजन ध्वनियां)

वर्ण	ध्वनि	उदाहरण	उच्चारण	अर्थ
b	ब	boy	बॉय	लड़का
c	स	Race	रेस	दौड़ना
	क	Can	कैन	धातुपात्र

वर्ण	ध्वनि	उदाहरण	उच्चारण	अर्थ
d	द	Devi	देवी	देवी
	ड	Deer	डियर	हिरन
f	फ	Full	फुल	पूर्ण
g	ग	Go	गो	जाना
h	ह	Hen	हेन	मुर्गी
j	ज	Jail	जेल	कैदखाना
k	क	King	किंग	राजा
l	ल	low	लो	नीचा
m	म	Me	मी	मुझे
n	न	Nail	नेल	नाखून
p	प	Peon	प्यून	चपरासी
q	क्यू	Question	क्वेश्चन	प्रश्न
r	र	Run	रन	दौड़ना
s	स	Sole	सोल	तलवा
	ज	Is	इज	है
t	ट	Try	ट्राई	प्रयास
	त	Technic	टैकनीक	तकनीक
v	व	Valley	वैली	घाटी
w	व	Wax	वैक्स	मोम
x	एक्स	Box	बॉक्स	बक्सा
y	इ	Synthetic	सिन्थेटिक	कृत्रिम
	ई	Year	ईयर	वर्ष
	य	You	यू	तुम
	आई	Try	ट्राई	प्रयास
z	ज़्	Zeal	ज़ील	उत्साह

EXERCISE (अभ्यास)

निम्नलिखित शब्दों का उच्चारण करो और उनकी ध्वनियों पर ध्यान दो।

Delhi	डेल्ही	दिल्ली
Meerut	मेरठ	मेरठ
Ghaziabad	गाजियाबाद	गाजियाबाद
Physic	फिजिक	शरीर
Physics	फिजिक्स	भौतिक विज्ञान
Nature	नेचर	प्रकृति
School	स्कूल	विद्यालय
Cool	कूल	ठंडा
Rule	रूल	नियम
Put	पुट	रखना
But	बट	किंतु
Eye	आई	आँख
Kite	काइट	पतंग
Right	राइट	अधिकार
Write	राइट	लिखना
Sign	साइन	हस्ताक्षर
Shine	शाइन	चमक

Silent Letters (मूक अक्षर)

अंग्रेजी भाषा में कुछ Letters (अक्षरों) की ध्वनि का लोप भी हो जाता है। अर्थात् जब हम Word (शब्द) का उच्चारण करते हैं, तो किसी Letters (अक्षर) विशेष का उच्चारण नहीं किया जाता।

शब्द	उच्चारण	अर्थ	मूक अक्षर
Debt	डैट	ऋण	B
Doubt	डाऊट	सन्देह	B
Scent	सेंट	सुगन्ध	C
Science	साइन्स	विज्ञान	C

शब्द	उच्चारण	अर्थ	मूक अक्षर
Scene	सीन	दृश्य	C
Hedge	हेज	बाड़	D
Budget	बजट	बजट	D
Name	नेम	नाम	E
Resign	रिजाइन	त्याग-पत्र	G
Sign	साइन	हस्ताक्षर	G
Haughty	हॉटी	घमंडी	Gh
Plough	प्लाऊ	हल	Gh
Honour	ऑनर	सम्मान	H
Hour	ऑवर	घंटा	H
Honest	ऑनेस्ट	ईमानदार	H
Knife	नाइफ	चाकू	K
Know	नो	जानना	K
Knee	नी	घुटना	K
Alms	आम्स	भिक्षा	L
Walk	वाक	चलना	L
Palm	पाम	हथेली	L
Solemn	सोलम	गम्भीर	N
Hymn	हिम	स्तोत्र	N
Pneumonia	निमोनिया	निमोनिया (बीमारी)	P
Psychology	सॉइकॉलॉजी	मनोविज्ञान	P
Island	आइलैंड	टापू	S
Batch	बैच	दल	T
Catch	कैच	पकड़ना	T
Match	मैच	खेल	T
Tongue	टंग	जीभ	Ue
Plague	प्लेग	प्लेग (बीमारी)	Ue
Colleague	कौलीग	सहकर्मी	Ue

हिन्दी की बारहखड़ी अंग्रेजी में

कः kah	खः khah	गः gah	घः ghah	ङः ngah	चः chah	छः chhah	जः jah	झः jhah	नः nah	टः tah
कं kan	खं khan	गं gan	घं ghan	ङं ngan	चं chan	छं chhan	जं jan	झं jhan	नं nan	टं tan
कौ kau	खौ khau	गौ gau	घौ ghau	ङौ ngau	चौ chau	छौ chhau	जौ jau	झौ jhau	नौ nau	टौ tau
को ko	खो kho	गो go	घो gho	ङो ngo	चो cho	छो chho	जो jo	झो jho	नो no	टो to
कै kai	खै khai	गै gai	घै ghai	ङै nagai	चै chai	छै chhai	जै jai	झै jhai	नै nai	टै tai
के ke	खे khe	गे ge	घे ghe	ङे nge	चे che	छे chhe	जे je	झे jhe	ने ne	टे te
कू koo	खू khoo	गू goo	घू ghoo	ङू ngoo	चू choo	छू chhoo	जू joo	झू jhoo	नू noo	टू too
कु ku	खु khu	गु gu	घु ghu	ङु ngu	चु chu	छु chhu	जु ju	झु jhu	नु nu	टु tu
की kee	खी khee	गी gee	घी ghee	ङी ngee	ची chee	छी chhee	जी jee	झी jhee	नी nee	टी tee
कि ki	खि khi	गि gi	घि ghi	ङि ngi	चि chi	छि chhi	जि ji	झि jhi	नि ni	टि ti
का kaa	खा khaa	गा gaa	घा ghaa	ङा ngaa	चा chaa	छा chhaa	जा jaa	झा jhaa	ना naa	टा taa
क ka	ख kha	ग ga	घ gha	ङ nga	च cha	छ chha	ज ja	झ jha	न na	ट ta

ठः thah	डः dah	ढः dhah	णः nah	तः tah	थः thah	दः dah	धः dhah	नः nah	पः pah	फः phah	बः bah
ठं than	डं dan	ढं dhan	णं nan	तं tan	थं than	दं dan	धं dhan	नं nan	पं pan	फं phan	बं ban
ठौ thau	डौ dau	ढौ dhau	णौ nau	तौ tau	थौ thau	दौ dau	धौ dhau	नौ nau	पौ pau	फौ phau	बौ bau
ठो tho	डो do	ढो dho	णो no	तो to	थो tho	दो do	धो dho	नो no	पो po	फो pho	बो bo
ठै thai	डै dai	ढै dhai	णै nai	तै tai	थै thai	दै dai	धै dhai	नै nai	पै pai	फै phai	बै bai
ठे the	डे de	ढे dhe	णे ne	ते te	थे the	दे de	धे dhe	ने ne	पे pe	फे phe	बे be
ठू thoo	डू doo	ढू dhoo	णू noo	तू too	थू thoo	दू doo	धू dhoo	नू noo	पू poo	फू phoo	बू boo
ठु thu	डु du	ढु dhu	णु nu	तु tu	थु thu	दु du	धु dhu	नु nu	पु pu	फु phu	बु bu
ठी thee	डी dee	ढी dhee	णी nee	ती tee	थी thee	दी dee	धी dhee	नी nee	पी pee	फी phee	बी bee
ठि thi	डि di	ढि dhi	णि ni	ति ti	थि thi	दि di	धि dhi	नि ni	पि pi	फि phi	बि bi
ठा thaa	डा daa	ढा dhaa	णा naa	ता taa	था thaa	दा daa	धा dhaa	ना naa	पा paa	फा phaa	बा baa
ठ tha	ड da	ढ dha	ण na	त ta	थ tha	द da	ध dha	न na	प pa	फ pha	ब ba

bhah	mah	yah	rah	lah	vah	shah	shah	sah	han	kshah	trah	jnyah
bhan	man	yan	ran	lan	van	shan	shan	san	han	kshan	tran	jnyan
bhau	mau	yau	rau	lau	vau	shau	shau	sau	hau	kshau	trau	jnyau
bho	mo	yo	ro	lo	vo	sho	sho	so	ho	ksho	tro	jnyo
bhai	mai	yai	rai	lai	vai	shai	shai	sai	hai	kshai	trai	jnyai
bhe	me	ye	re	le	ve	she	she	se	he	kshe	tre	jnye
bhoo	moo	yoo	roo	loo	voo	shoo	shoo	soo	hoo	kshoo	troo	jnyoo
bhu	mu	yu	ru	lu	vu	shu	shu	su	hu	kshu	tru	jnyu
bhee	mee	yee	ree	lee	vee	shee	shee	see	hee	kshee	tree	jnyee
bhi	mi	yi	ri	li	vi	shi	shi	si	hi	kshi	tri	jnyi
bhaa	maa	yaa	raa	laa	vaa	shaa	shaa	saa	haa	kshaa	traa	jnyaa
bha	ma	ya	Ra	la	va	sha	sha	sa	ha	ksha	tra	jnya

EXERCISE (अभ्यास)

निम्नलिखित शब्दों का उच्चारण करो और उनमें Silent Letters (मूक अक्षरों) का पता लगाओ।

S. No. क्रम सं.	English Word अंग्रेजी शब्द	Pronunciation उच्चारण	Hindi Meaning हिन्दी अर्थ
1.	Debt	डैट	ऋण
2.	Honest	ऑनेस्ट	ईमानदार
3.	Plough	प्लाऊ	हल
4.	Hedge	हेज	बाड़
5.	Catch	कैच	पकड़ना
6.	Match	मैच	खेल
7.	Palm	पाम	हथेली
8.	Talk	टाक	बातें
9.	Knee	नी	घुटना
10.	Walk	वाक	चलना

EXERCISE (अभ्यास)

निम्नलिखित हिन्दी व्यंजनों को अंग्रेजी में लिखिए।

कू	कौ	कि	कं.	हः
_____	_____	_____	_____	_____
खे	गै	टू	टै	टः
_____	_____	_____	_____	_____
चे	ची	पै	रे	फै
_____	_____	_____	_____	_____
हू	नी	पि	री	सि
_____	_____	_____	_____	_____

खै	गे	गा	शै	बै
कू	यि	भु	पु	नै
धू	रू	वा	वं	यू
ढी	ठि	ञे	ते	तु
झू	झि	घो	जौ	झः
ञि	क्षा	सु	षि	शै

Pronunciation (उच्चारण) सम्बन्धी नियम

अंग्रेजी के कुछ अक्षरों के उच्चारण में भिन्नता पाई जाती है।

1. **'C' का उच्चारणः** यदि किसी शब्द में 'C' से पहले या बाद में 'a', 'o', 'r', 'u' अक्षरों में से कोई अक्षर हो तो 'C' का उच्चारण 'क' होगा।

    Examples (उदाहरण)

Cat	कैट	बिल्ली
Cow	काउ	गाय
Crown	क्राउन	मुकुट
Cup	कप	प्याला
Act	एक्ट	कार्य
Duck	डक	बत्तख
Crow	क्रो	कौवा

2. यदि किसी शब्द में 'C' के पश्चात 'e', 'i' या 'y' हो तो 'C' का उच्चारण 'स' होता है।

Example (उदाहरण)

Centre	सेन्टर	केंद्र
City	सिटी	नगर

3. यदि किसी शब्द में 'C' के पश्चात 'ea' या 'ia' अक्षर हो तो 'C' का उच्चारण 'श' होता है।

Example (उदाहरण)

Special	स्पेशल	विशेष
Social	सोशल	सामाजिक

'E' का उच्चारणः कुछ शब्दों में यदि अंत में 'e' है तो उसका उच्चारण नहीं किया जाता है।

Example (उदाहरण)

Face	फेस	चेहरा
Kite	काइट	पतंग
Race	रेस	दौड़

'G' का उच्चारणः किसी शब्द में 'G' के पश्चात् यदि 'e' या 'y' लगा हुआ है तो 'G' का उच्चारण 'ज' होगा।

Example (उदाहरण)

Germ	जर्म	कीटाणु
Get	गैट	प्राप्त करना
Gentle	जैन्टल	सज्जन
Gymnast	जिमनास्ट	कसरती

किसी शब्द में 'G' के पश्चात् यदि 'a', 'i', 'o', 'u', 'l', 'n', 'r' में से कोई अक्षर हो तो 'G' का उच्चारण 'ग' होगा।

Example (उदाहरण)

Gate	गेट	दरवाजा
Gap	गैप	रिक्त स्थान
Game	गेम	खेल
Gift	गिफ्ट	उपहार
Give	गिव	देना
Go	गो	जाना

God	गॉड	ईश्वर
Gum	गम	मसूड़ा
Guest	गेस्ट	अतिथि
Glow	ग्लो	चमकना
Glory	ग्लोरी	शान
Glad	ग्लैड	प्रसन्न
Great	ग्रेट	महान

'S' का उच्चारणः किसी शब्द में 'S' के पश्चात् यदि 'U' है तो 'S' का उच्चारण 'श्य' होगा।

Example (उदाहरण)

| Surety | श्योरिटी | प्रतिभूति |
| Sure | श्योर | निश्चित |

इस नियम के कुछ अपवाद भी हैं। जैसे :-

| Suit | सूट | वस्त्रों का जोड़ा |
| Sub | सब | सहायक |

किसी शब्द में यदि 'S' से पहले 'i', 'y' या 'w' है तो 'S' का उच्चारण 'ज' होगा।

Example (उदाहरण)

His	हिज	उसका
Rise	राइज	उगना
Ways	वेज	तरीके
Laws	लॉज	कानून

सामान्यतः 'S' की ध्वनि 'स' होती है।

Example (उदाहरण)

Sit	सिट	बैठना	Sin	सिन	पाप
Sad	सैड	दुःखी	Sale	सेल	बिक्री
So	सो	इसलिए	Say	से	कहना

कुछ शब्दों में 'Sch' का उच्चारण 'स्क' भी होता है और 'स', 'श' भी।

Example (उदाहरण)

| Scheme | स्कीम | योजना |
| Scholar | स्कॉलर | विद्यार्थी |

School	स्कूल	विद्यालय
Schedule	शेड्यूल	निश्चित

कुछ शब्दों में 'Sci' का उच्चारण 'साइ' या 'स', 'श' होता है।

Example (उदाहरण)

Conscience	कॉनशेन्स	विवेक
Science	साइंस	विज्ञान
Scissors	सिजर्ज	कैंची

'T' का उच्चारणः सामान्यतः 'T' का उच्चारण 'ट' है।

Example (उदाहरण)

Bat	बैट	बल्ला
Bet	बेट	शर्त
Bit	बिट	टुकड़ा
Stop	स्टॉप	ठहराव

कुछ शब्दों में 'T' का उच्चारण 'श' होता है।

Example (उदाहरण)

Station	स्टेशन	स्टेशन
Nation	नेशन	शर्त
Motion	मोशन	गति
Invention	इन्वेंशन	आविष्कार

कुछ शब्दों में 'T' का उच्चारण 'च' होता है।

Example (उदाहरण)

Nature	नेचर	प्रकृति
Future	फ्यूचर	भविष्य
Lecture	लेक्चर	व्याख्यान
Culture	कल्चर	संस्कृति

'Ch' का उच्चारणः कुछ शब्दों में 'Ch' का उच्चारण 'श' होता है।

Example (उदाहरण)

Chandelier	शैंडलियर	फानूस
Chic	शिक	शैली

कुछ शब्दों में 'Ch' का उच्चारण 'च' होता है।

Example (उदाहरण)

Chair	चेयर	कुर्सी
Change	चेंज	बदलना
Chance	चांस	अवसर
Challange	चेलेंज	चुनौती
Cheer	चीयर	हर्ष
Cheap	चीप	सस्ता
Charm	चार्म	जादू
Cheese	चीज़	पनीर

कुछ शब्दों में 'Ch' का उच्चारण 'क' होता है।

Example (उदाहरण)

Chord	कार्ड	त्रिज्या
Cost	कॉस्ट	मूल्य
Come	कम	आना
Coin	क्वाइन	सिक्का
Character	करैक्टर	चरित्र

'Gh' का उच्चारणः 'Gh' का सामान्यतः उच्चारण 'घ' या 'ग' होता है।

Example (उदाहरण)

Ghost	घोस्ट	भूत
Ghee	घी	घी

कुछ शब्दों में 'Gh' का उच्चारण 'फ' होता है।

Example (उदाहरण)

Laugh	लॉफ	हंसना
Cough	कफ	खांसी

कुछ शब्दों में 'Gh' Silent (मूक) होता है।

Example (उदाहरण)

Brought	ब्रॉट	लाया
Though	दो	यद्यपि
Thought	थॉट	विचार
Fought	फॉट	लड़ा

'Th' का उच्चारणः कुछ शब्दों में 'Th' का उच्चारण 'थ' होता है।

Example (उदाहरण)

Think	थिंक	सोचना
Bath	बाथ	नहाना
Thin	थिन	पतला
Thing	थिंग	वस्तु

कुछ शब्दों में 'Th' का उच्चारण 'द' होता है।

Example (उदाहरण)

This	दिस	यह
That	दैट	वह
These	दीज	ये
Those	दोज	वो
Thus	दस	वैसे
There	देयर	वहां

'Ph' का उच्चारणः सामान्यतः 'Ph' का उच्चारण 'फ' होता है।

Example (उहादरण)

Photo	फोटो	फोटो (चित्र)
Phase	फेज	रूप
Phrase	फ्रेज	मुहावरा
Telephone	टेलीफोन	दूरभाष

कुछ शब्दों में 'Ph' का उच्चारण 'प्ह' होता है।

Example (उदाहरण)

Uphill	अपहिल	कठोर
Upholster	अपहोल्स्टर	सजाना
Saphead	सेप्हैड	मूर्ख
Uphold	अप्होल्ड	समर्थन करना

'W' का उच्चारणः सामान्यतः 'W' का उच्चारण 'व' होता है।

Example (उदाहरण)

Ward	वार्ड	वार्ड
War	वार	युद्ध
Wall	वाल	दीवार

Want	वांट	चाहना
Wish	विश	इच्छा
Went	वेंट	गया
Wet	वैट	गीला
Well	वैल	कुंआ
Water	वाटर	पानी
Wake	वेक	जागना
Wait	वेट	प्रतीक्षा
Warn	वार्न	चेतावनी
Walk	वाक	चलना
Way	वे	मार्ग

'X' का उच्चारणः किसी शब्द में 'X' के बाद यदि 'a' या 'u' हो तो उसका उच्चारण 'ग्ज़' होता है।

Example (उदाहरण)

Examination	एग्जामिनेशन	परीक्षा
Example	एग्जाम्पिल	उदाहरण
Exult	एग्जल्ट	प्रसन्न होना

कुछ शब्दों में 'X' का उच्चारण 'ज' होता है।

Example (उदाहरण)

Xyster	जिस्टर	एक यंत्र
Xanthic	जैन्थिक	बसन्ती
Xerox	जीरोक्स	जीरोक्स

कुछ शब्दों में 'X' का उच्चारण 'एक्स' होता है।

Example (उदाहरण)

Exclaim	एक्सक्लेम	आश्चर्य व्यक्त करना
Excel	एक्सेल	बढ़िया होना
Excess	एक्सेस	बढ़ना

———————————

3

NUMERALS (न्यूम्रल्स)
संख्याएं

हिन्दी अंक	रोमन अंक	अरेबिक अंक	अंग्रेजी शब्द	उच्चारण	अर्थ
1	I	1	One	वन	एक
2	II	2	Two	टू	दो
3	III	3	Three	थ्री	तीन
4	IV	4	Four	फोर	चार
5	V	5	Five	फाइव	पांच
6	VI	6	Six	सिक्स	छ
7	VII	7	Seven	सेवन	सात
8	VIII	8	Eight	ऐट	आठ
9	IX	9	Nine	नाइन	नौ
10	X	10	Ten	टेन	दस
11	XI	11	Eleven	इलेवन	ग्यारह
12	XII	12	Twelve	ट्वेल्व	बारह
13	XIII	13	Thirteen	थर्टीन	तेरह
14	XIV	14	Forteen	फोर्टीन	चौदह
15	XV	15	Fifteen	फिफ्टीन	पन्द्रह
16	XVI	16	Sixteen	सिक्सटीन	सोलह
17	XVII	17	Seventeen	सेवनटीन	सत्रह

हिन्दी अंक	रोमन अंक	अरेबिक अंक	अंग्रेजी शब्द	उच्चारण	अर्थ
18	XVIII	18	Eighteen	ऐटीन	अठारह
19	XIX	19	Ninteen	नाइनटीन	उन्नीस
20	XX	20	Twenty	ट्वेन्टी	बीस
21	XXI	21	Twenty one	ट्वेन्टी वन	इक्कीस
22	XXII	22	Twenty two	ट्वेन्टी टू	बाइस
23	XXIII	23	Twenty three	ट्वेन्टी थ्री	तेइस
24	XXIV	24	Twenty four	ट्वेन्टी फोर	चौबीस
25	XXV	25	Twenty five	ट्वेन्टी फाइव	पच्चीस
26	XXVI	26	Twenty six	ट्वेन्टी सिक्स	छब्बीस
27	XXVII	27	Twenty seven	ट्वेन्टी सेवन	सत्ताइस
28	XXVIII	28	Twenty eight	ट्वेन्टी ऐट	अट्ठाइस
29	XXIX	29	Twenty nine	ट्वेन्टी नाइन	उनतीस
30	XXX	30	Thirty	थर्टी	तीस
31	XXXI	31	Thirty one	थर्टी वन	इक्तीस
32	XXXII	32	Thirty two	थर्टी टू	बत्तीस
33	XXXIII	33	Thirty three	थर्टी थ्री	तैंतीस
34	XXXIV	34	Thirty four	थर्टी फोर	चौंतीस
35	XXXV	35	Thirty five	थर्टी फाइव	पैंतीस
36	XXXVI	36	Thirty six	थर्टी सिक्स	छत्तीस
37	XXXVII	37	Thirty seven	थर्टी सेवन	सैंतीस
38	XXXVIII	38	Thirty eight	थर्टी ऐट	अड़तीस
39	XXXIX	39	Thirty nine	थर्टी नाइन	उनतालीस
40	XL	40	Fourty	फोर्टी	चालीस
41	XLI	41	Fouty one	फोर्टी वन	इक्तालीस
42	XLII	42	Fouty two	फोर्टी टू	बयालीस
43	XLIII	43	Fouty three	फोर्टी थ्री	तैंतालीस

हिन्दी अंक	रोमन अंक	अरेबिक अंक	अंग्रेजी शब्द	उच्चारण	अर्थ
44	XLIV	44	Fouty four	फोर्टी फोर	चवालीस
45	XLV	45	Fouty five	फोर्टी फाइव	पैंतालीस
46	XLVI	46	Fouty six	फोर्टी सिक्स	छयालीस
47	XLVII	47	Fouty seven	फोर्टी सेवन	सैंतालीस
48	XLVIII	48	Fouty eight	फोर्टी ऐट	अड़तालीस
49	XLIX	49	Fouty nine	फोर्टी नाइन	उनचास
50	L	50	Fifty	फिफ्टी	पचास
51	LI	51	Fifty one	फिफ्टी वन	इक्यावन
52	LII	52	Fifty two	फिफ्टी टू	बावन
53	LIII	53	Fifty three	फिफ्टी थ्री	तिरेपन
54	LIV	54	Fifty four	फिफ्टी फोर	चौवन
55	LV	55	Fifty five	फिफ्टी फाइव	पचपन
56	LVI	56	Fifty six	फिफ्टी सिक्स	छप्पन
57	LVII	57	Fifty seven	फिफ्टी सेवन	सत्तावन
58	LVIII	58	Fifty eight	फिफ्टी ऐट	अट्ठावन
59	LIX	59	Fifty nine	फिफ्टी नाइन	उनसठ
60	LX	60	Sixty	सिक्सटी	साठ
61	LXI	61	Sixty one	सिक्सटी वन	इकसठ
62	LXII	62	Sixty two	सिक्सटी टू	बासठ
63	LXIII	63	Sixty three	सिक्सटी थ्री	तिरेसठ
64	LXIV	64	Sixty four	सिक्सटी फोर	चौंसठ
65	LXV	65	Sixty five	सिक्सटी फाइव	पैंसठ
66	LXVI	66	Sixty six	सिक्सटी सिक्स	छियासठ
67	LXVII	67	Sixty seven	सिक्सटी सेवन	सड़सठ
68	LXVIII	68	Sixty eight	सिक्सटी ऐट	अड़सठ
69	LXIX	69	Sixty nine	सिक्सटी नाइन	उनहत्तर

हिन्दी अंक	रोमन अंक	अरेबिक अंक	अंग्रेजी शब्द	उच्चारण	अर्थ
70	LXX	70	Seventy	सेवन्टी	सत्तर
71	LXXI	71	Seventy one	सेवन्टी वन	इकहत्तर
72	LXXII	72	Seventy two	सेवन्टी टू	बहत्तर
73	LXXIII	73	Seventy three	सेवन्टी थ्री	तिहत्तर
74	LXXIV	74	Seventy four	सेवन्टी फोर	चौहत्तर
75	LXXV	75	Seventy five	सेवन्टी फाइव	पिचहत्तर
76	LXXVI	76	Seventy six	सेवन्टी सिक्स	छिहत्तर
77	LXXVII	77	Seventy seven	सेवन्टी सेवन	सतहत्तर
78	LXXVIII	78	Seventy eight	सेवन्टी ऐट	अठहत्तर
79	LXXIX	79	Seventy nine	सेवन्टी नाइन	उनासी
80	LXXX	80	Eighty	एटी	अस्सी
81	LXXXI	81	Eighty one	एटी वन	इक्यासी
82	LXXXII	82	Eighty two	एटी टू	बयासी
83	LXXXIII	83	Eighty three	एटी थ्री	तिरासी
84	LXXXIV	84	Eighty four	एटी फोर	चौरासी
85	LXXXV	85	Eighty five	एटी फाइव	पिचासी
86	LXXXVI	86	Eighty six	एटी सिक्स	छियासी
87	LXXXVII	87	Eighty seven	एटी सेवन	सत्तासी
88	LXXXVIII	88	Eighty eight	एटी ऐट	अठासी
89	LXXXIX	89	Eighty nine	एटी नाइन	नवासी
90	XC	90	Ninety	नाइन्टी	नब्बे
91	XCI	91	Ninety one	नाइन्टी वन	इक्यानवे
92	XCII	92	Ninety two	नाइन्टी टू	बानवे
93	XCIII	93	Ninety three	नाइन्टी थ्री	तिरानवे
94	XCIV	94	Ninety four	नाइन्टी फोर	चौरानवे
95	XCV	95	Ninety five	नाइन्टी फाइव	पिचानवे

हिन्दी अंक	रोमन अंक	अरेबिक अंक	अंग्रेजी शब्द	उच्चारण	अर्थ
96	XCVI	96	Ninety six	नाइन्टी सिक्स	छियानवे
97	XCVII	97	Ninety seven	नाइन्टी सेवन	सतानवे
98	XCVIII	98	Ninety eight	नाइन्टी ऐट	अठानवे
99	XCIX	99	Ninety nine	नाइन्टी नाइन	निन्यानवे
100	C	100	Hundred	हंड्रेड	सौ
200	CC	200	Two Hundred	टू हंड्रेड	दो सौ
300	CCC	300	Three Hundred	थ्री हंड्रेड	तीन सौ
400	CD	400	Four Hundred	फोर हंड्रेड	चार सौ
500	D	500	Five Hundred	फाइव हंड्रेड	पांच सौ
600	DC	600	Six Hundred	सिक्स हंड्रेड	छह सौ
700	DCC	700	Seven Hundred	सेवन हंड्रेड	सात सौ
800	DCCC	800	Eight Hundred	एट हंड्रेड	आठ सौ
900	CM	900	Nine Hundred	नाइन हंड्रेड	नौ सौ
1000	M	1000	One Thousand	वन थाउजेन्ड	एक हजार

Ordinal Numbers (क्रम बोधक संख्याएं)

अंग्रेजी शब्द	उच्चारण	लघु शब्द	हिन्दी शब्द
First	फर्स्ट	1st	पहला
Second	सेकेण्ड	2nd	दूसरा
Third	थर्ड	3rd	तीसरा
Fourth	फोर्थ	4th	चौथा
Fifth	फिफ्थ	5th	पांचवां
Sixth	सिक्सथ	6th	छठा
Seventh	सेवेन्थ	7th	सातवां
Eighth	ऐट्थ	8th	आठवां

अंग्रेजी शब्द	उच्चारण	लघु शब्द	हिन्दी शब्द
Ninth	नाइन्थ	9th	नवां
Tenth	टेन्थ	10th	दसवां
Eleventh	इलेवन्थ	11th	ग्यारहवां
Twelfth	ट्वेल्फ्थ	12th	बारहवां
Thirteenth	थर्टीन्थ	13th	तेरहवां
Fourteenth	फोर्टीन्थ	14th	चौदहवां
Fifteenth	फिफ्टीन्थ	15th	पन्द्रहवां
Sixteenth	सिक्सटीन्थ	16th	सोलहवां
Seventeenth	सेवेन्टीन्थ	17th	सत्रहवां
Eighteenth	ऐटीन्थ	18th	अठारवां
Ninteenth	नाइन्टीन्थ	19th	उन्नीसवां
Twentieth	ट्वेन्टिएथ	20th	बीसवां
Thirtieth	थर्टिएथ	30th	तीसवां
Fortieth	फोर्टिएथ	40th	चालीसवां
Fiftieth	फिफ्टीएथ	50th	पचासवां
Sixtieth	सिक्सटीएथ	60th	साठवां
Seventieth	सेवेनटीएथ	70th	सत्तरवां
Eightieth	ऐटीएथ	80th	अस्सीवां
Ninetieth	नाइन्टीएथ	90th	नब्बेवां
Hundredth	हन्ड्रेडथ	100th	सौवां
Thousandth	थाउजेन्डथ	1000th	हजारवां
Half	हाफ	$\frac{1}{2}$	आधा
One Third	वन-थर्ड	$\frac{1}{3}$	तिहाई
One Fourth	वन-फोर्थ	$\frac{1}{4}$	चौथाई
One Fifth	वन-फिफ़्थ	$\frac{1}{5}$	पांचवा भाग
One Sixth	वन-सिक्सथ	$\frac{1}{6}$	छठा भाग

अंग्रेजी शब्द	उच्चारण	लघु शब्द	हिन्दी शब्द
One Seventh	वन-सेवेन्थ	$\dfrac{1}{7}$	सातवां भाग
One Eighth	वन-एट्थ	$\dfrac{1}{8}$	आठवां भाग
One Ninth	वन-नाइन्थ	$\dfrac{1}{9}$	नौवां भाग
One Tenth	वन-टैन्थ	$\dfrac{1}{10}$	दसवां भाग
Three Fourth	थ्री फोर्थ	$\dfrac{3}{4}$	तीन चौथाई
Two Third	टू थर्ड	$\dfrac{2}{3}$	दो तिहाई

गुणा बोधक संख्याएं

अंग्रेजी शब्द	उच्चारण	हिन्दी शब्द
Single	सिंगल	इकहरा
Double	डबल	दुगना
Tripple	ट्रिपल	तीन गुना
Four Fold	फोर फोल्ड	चार गुना

(इससे आगे अंग्रेजी के शेष अंक सूचक शब्दों में 'fold' जोड़ें)

बार बोधक संख्या

Once	वन्स	एक बार
Twice	ट्वाइस	दो बार
Thrice	थ्राइस	तीन बार
Four Times	फोर टाइम्स	चार बार

(इससे आगे अंग्रेजी के शेष अंक सूचक शब्दों में 'times' जोड़ें)

4

Use of is, are, am
इज, आर, एम, का प्रयोग

Is का प्रयोग

1. 'is' (इज/है) का प्रयोग He (ही), She (शी), It (इट) और Third person Singular Nouns/Pronouns (थर्ड पर्सन सिंग्यूलर नाउन्स/प्रोनाउन्स) के साथ किया जाता है।

2. 'are' (आर/है) का प्रयोग you (यू), we (वी), they (दे) के साथ किया जाता है।

3. 'am' (एम) 'हूँ' का प्रयोग Affirmative एफरमेटिव/स्वीकारात्मक वाक्यों में I (आई) के साथ किया जाता है।

4. 'you' (यू/तू, तुम) चाहें Singular (सिंग्यूलर/एक वचन) हो या Plural (प्लूरल बहुवचन), उसके साथ 'are' का ही प्रयोग किया जाता है।

5. Negative (निगेटिव/नकारात्मक) वाक्यों में is (इज) हैं, are (आर/हैं), am (एम/हूँ) के साथ not (नॉट) लगाया जाता है।

6. यदि वाक्य Interrogative (इंटेरोगेटिव/प्रश्नवाचक) है तो वाक्य के आरम्भ में कर्त्ता से पहले is (इज/है), are (आर/हैं), am (एम/हूँ) लगाया जाता है। इन वाक्यों के अंत में प्रश्नवाचक चिन्ह (?) अवश्य लगाया जाता है।

7. Interrogative Negative (इंटेरोगेटिव निगेटिव/प्रश्नवाचक नकारात्मक) वाक्यों में Not (नॉट/नहीं) का प्रयोग निम्नलिखित दोनों प्रकार से किया जा सकता है।

   (1)   Is Rama not going?   (प्रश्न पूछने के लिए)
        इज रमा नॉट गोइंग?

   (2)   Is not Rama going?   (पुष्टि करने के लिए)
        इज नॉट रमा गोइंग?

Is, are, am के प्रयोग वाले कुछ वाक्य

Anil is a good boy.
अनिल इज ए गुड बॉय
अनिल एक अच्छा लड़का है।

Radha is beautiful.
राधा इज ब्यूटीफुल
राधा सुन्दर है।

Today is holiday.
टूडे इज हॉलीडे
आज छुट्टी है।

Shobha is going.
शोभा इज गोइंग
शोभा जा रही है।

Is Rama reading?
इज रमा रीडिंग?
क्या रमा पढ़ रही है?

You are singing.
यू आर सिंगिंग
तुम गा रहे हो।

They are making noise.
दे आर मेकिंग नोइस
वे शोर मचा रहे हैं।

We are playing.
वी आर प्लेइंग
हम खेल रहे हैं।

Is he not going?
इज ही नॉट गोइंग?
क्या वह नहीं जा रहा है?

Is she not reading?
इज शी नॉट रीडिंग?
क्या वह पढ़ नहीं रही है?

Are they not laughing?
आर दे नॉट लाफिंग?
क्या वे हँस नहीं रहे हैं?

Are you weeping?
आर यू वीपिंग?
क्या तुम रो रहे हो?

Why are you weeping?
व्हाई आर यू वीपिंग?
तुम क्यों रो रहे हो?

Are they not taking tea?
आर दे नॉट टेकिंग टी?
क्या वे चाय नहीं पी रहे हैं?

Are not they taking tea?
आर नॉट दे टेकिंग टी?
क्या वे चाय पी नहीं रहे हैं?

EXERCISE (अभ्यास)

निम्नलिखित वाक्यों में रिक्त स्थानों में, is, are, am में से जो भी उपयुक्त हो, भरो।

I _______ reading a book.

आई _______ रीडिंग ए बुक.

She _______ coming.

शी _______ कमिंग.

Rekha _______ a student.

रेखा _______ ए स्टुडैंट.

Geeta and Sita _______ student.

गीता एंड सीता _______ स्टुडैंट.

I _______ your partner.

आई _______ योअर पार्टनर.

They _______ misers.

दे _______ माइजर्स.

_______ we fools?

_______ वी फूल्स?

_______ they misers?

_______ दे माइजर्स?

_______ I a student?

_______ आई ए स्टुडेंट?

_______ you a dirty boy?

_______ यू ए डर्टी बॉय?

(**5**)

Use of was, were
वाज, वर का प्रयोग

---

1. Affirmative (एफरमेटिव/स्वीकारात्मक) वाक्यों में was (वाज/था/थी) का प्रयोग I (आई), He (ही), She (शी), It (इट) या अन्य Third person, Singular Nouns/Pronouns (थर्ड पर्सन सिंग्यूलर नाउन्स/प्रोनाउन्स) के साथ किया जाता है।

2. Were (वर/थे/थीं) का प्रयोग you (यू/तुम), we (वी), They (दे) या अन्य Plural Nouns/Pronouns (प्लूरल नाउन्स/प्रोनाउन्स) के साथ किया जाता है।

3. You (यू) के साथ were (वर) का ही प्रयोग होता है। चाहे you (यू) Singular (सिंग्यूलर/एकवचन) हो या Plural (प्लूरल/बहुवचन)।

4. Negative (निगेटिव/नकारात्मक) वाक्यों में was (वाज), were (वर) के बाद 'not' (नॉट) लगाया जाता है।

5. Interrogative (इंटेरोगेटिव/प्रश्नवाचक) वाक्यों के आरम्भ में कर्त्ता से पहले was (वाज), were (वर) लगाया जाता है। इन वाक्यों के अंत में प्रश्नवाचक चिन्ह अवश्य लगाया जाता है।

6. Interrogative-Negative (इंटेरोगेटिव/निगेटिव) प्रश्नवाचक नकारात्मक वाक्यों में not (नॉट) का प्रयोग निम्नलिखित दो प्रकार से किया जाता है।

   (1)   Was Rama not going?   (प्रश्न पूछने के लिए)
        वाज रमा नॉट गोइंग?

   (2)   Was not Rama going?   (पुष्टि के लिए)
        वाज नॉट रमा गोइंग?

was, were के प्रयोग वाले कुछ वाक्य

She was going to market.
शी वाज गोइंग टू मार्केट
वह बाजार जा रही थी।

He was returning.
ही वाज रिटर्निंग
वह लौट रहा था।

She was weeping.
शी वाज वीपिंग
वह रो रही थी।

He was sleeping.
ही वाज स्लीपिंग
वह सो रहा था।

They were reading.
दे वर रीडिंग
वे पढ़ रहे थे।

They were not reading.
दे वर नॉट रीडिंग
वे पढ़ नहीं रहे थे।

He was not going to home.
ही वाज नॉट गोइंग टू होम
वह घर नहीं जा रहा था।

Ratan was eating.
रतन वाज ईटिंग
रतन खा रहा था।

Rekha was not dancing.
रेखा वाज नॉट डांसिंग
रेखा नाच नहीं रही थी।

These Boys were playing.
दीज बॉयज वर प्लेइंग
ये लड़के खेल रहे थे।

Was not Radha going?
वाज नॉट राधा गोइंग?
क्या राधा नहीं जा रही थी?

Was Hari not going?
वाज हरि नॉट गोईंग?
क्या हरि जा नहीं रहा था?

6

Use of Has, Have, Had
हैज, हैव, हैड का प्रयोग

1. Affirmative (एफरमेटिव/स्वीकारात्मक) वाक्यों में Has (हैज) का प्रयोग He (ही), She (शी), It (इट) या अन्य Third person singular Nouns/pronouns (थर्ड पर्सन सिंग्यूलर नाउन्स/प्रोनाउन्स) के साथ किया जाता है।

2. Have (हैव) का प्रयोग I (आई), you (यू), we (वी), They (दे) या अन्य Plural Nouns/Pronouns (थर्ड पर्सन प्लूरल नाउन्स/प्रोनाउन्स) के साथ किया जाता है।

3. You (यू) के साथ Have (हैव) का ही प्रयोग होता है। चाहे you (यू) Singular (एकवचन) हो या Plural (प्लूरल/बहुवचन)।

4. Negative (निगेटिव/नकारात्मक) वाक्यों में Has (हैज), Have (हैव) के बाद 'not' (नॉट) लगाया जाता है।

5. Interrogative (इंटेरोगेटिव/प्रश्नवाचक) वाक्यों के आरम्भ में कर्त्ता से पहले Has (हैज), Have (हैव), Had (हैड) लगाया जाता है। इन वाक्यों के अंत में प्रश्नवाचक चिह्न अवश्य लगाया जाता है।

6. Interrogative-Negative (इंटेरोगेटिव-निगेटिव/प्रश्नवाचक नकारात्मक) वाक्यों में not (नॉट) का प्रयोग निम्नलिखित दो प्रकार से किया जाता है।

   (1)   Has Anita not a house in Delhi?   (प्रश्न पूछने के लिए)
          हैज अनीता नॉट ए हाउस इन डेल्ही?
          क्या अनीता का दिल्ली में घर नहीं है?

   (2)   Has not Anita a house in Delhi?   (पुष्टि के लिए)
          हैज नॉट अनीता ए हाउस इन डेल्ही?
          क्या अनीता का दिल्ली में घर नहीं है?

Use of Articles A, An, The
आर्टिकल्स ए, एन, द का प्रयोग

1. A (ए) और An (एन) Articles demonstrative adjectives (डिमांस्ट्रेटिव एडजैक्टिव्स/सांकेतिक विशेषण) हैं। इनका प्रयोग किसी वस्तु को अपने वर्ग से अलग व्यक्त करने के लिए किया जाता है।

2. इनका प्रयोग गणना योग्य Singular Nouns (सिंग्यूलर/नाउन्स/एकवचन संज्ञाओं) के साथ किया जाता है।

3. गणना योग्य जो Singular Nouns व्यंजन की ध्वनियों से प्रारम्भ होती हैं, उनके साथ 'A' (ए) का प्रयोग किया जाता है।
   जैसे :-

a city	a girl
a boy	a town
a cat	a dog
a bat	a hen
a rat	a house

4. गणना योग्य जो Singular Nouns vowels वावेल्स/स्वरों की ध्वनियों से प्रारम्भ होती हैं, उनके साथ An (एन) का प्रयोग किया जाता है।
   जैसे :-

an orange	an eye
an M.A.	an egg
an apple	an ox
an elephant	an umbrella
an advocate	an eagle

5. यदि कोई शब्द व्यंजन से आरम्भ हुआ है और उच्चारण के समय वह व्यंजन Silent

(साइलेन्ट/मूक) है, और इसके बाद स्वर की ध्वनि का उच्चारण होता है तो ऐसे शब्द के साथ An (एन) लगाया जाएगा।

जैसे :-   Honest   आनेस्ट

6. 'The' (द) definite डैफिनिट/निश्चयवाचक article (आर्टिकल) है। यह भी अपनी संज्ञा को अपने वर्ग से अलग करके व्यक्त करता है।

7. 'The' (द) का प्रयोग Singular (सिंग्यूलर/एकवचन) और Plural (प्लूरल/बहुवचन) Nouns (संज्ञाओं) के साथ बिना किसी रूप परिवर्तन के होता है।

जैसे :-   The boy   द बॉय

              The boys   द बॉयज

8. 'The' (द) का प्रयोग उस Singular Nouns (सिंग्यूलर नाउन्स/एकवचन संज्ञाओं) और Plural Nouns (प्लूरल नाउन्स/बहुवचन संज्ञाओं) से पहले होता है, जो अपने पूरे वर्ग का प्रतिनिधित्व करती है।

जैसे :-   The cow is a gentle animal.

            द काउ इज ए जेन्टल एनीमल.

            The rich are generally misers.

            द रिच आर जनरैली माइज़र्स.

9. Unique Nouns (यूनिक नाउन्स/अनुपम संज्ञाओं) के साथ भी The (द) लगाया जाता है।

जैसे :-   The Sun rises in the east.

            द सन राइजिज इन द ईस्ट.

10. The (द) का प्रयोग उन संज्ञाओं से पहले भी होता है, जो अपने पूर्व वर्णन के कारण निश्चित बन जाती हैं।

जैसे :-   There was a King. The King was very rich.

            देयर वाज ए किंग। द किंग वाज वैरी रिच.

11. किसी Noun (संज्ञा) से पहले उसके Abstract quality (एब्स्ट्रैक्ट क्वालिटी/अमूर्त गुण) को दर्शने के लिए भी The (द) का प्रयोग किया जाता है।

जैसे :-   At last, the hero in him moved to action.

            एट लास्ट, द हीरो इन हिम मूव्ड टू एक्शन.

12. Seas (सीज/सागरों), Gulfs (गल्फ्स/खाड़ियों), Oceans (ओशिएन्स/महासागरों), Rivers (रीवर्स/नदियों), Mountains (माउन्टेन्स/पर्वतों), Books (बुक्स/पुस्तकों), Trains (ट्रेन्स/रेलगाड़ियों), Island (आईलैंड्स/द्वीपों), News papers (न्यूज पेपर्स/समाचार पत्रों) आदि के नाम से पहले भी The (द) का प्रयोग किया जाता है।

जैसे :-　　The Ganga　　　　　　The Times of India
　　　　　　द गंगा　　　　　　　　द टाइम्स ऑफ इंडिया
　　　　　　The Himalaya　　　　　The Ramayana
　　　　　　द हिमालया　　　　　　द रामायण
　　　　　　The Rajdhani Express　　The Hind Ocean
　　　　　　द राजधानी एक्सप्रेस　　　द हिन्द ओशिएन

13. Superlative degree (सुपरलेटिव डिग्री) से पहले भी The का प्रयोग होता है।

जैसे :-　　The longest　　　　　　The highest
　　　　　　द लांगेस्ट　　　　　　　द हाइएस्ट

14. Ordinal Numbers (आर्डिनल नम्बर्स/क्रमवाचक) संख्याओं से पहले भी 'The' (द) का प्रयोग होता है।

जैसे :-　　The fourth boy in the row is Ram.
　　　　　　द फोर्थ बॉय इन द रो इज राम.
　　　　　　The second girl in the row is Neetu.
　　　　　　द सैकेण्ड गर्ल इन द रो इज नीतू.

15. Comparative degrees (कम्पेरेटिव डिग्रीज/तुलनात्मक उपाधि) से पहले भी The (द) का प्रयोग होता है।

जैसे :-　　Which of the two boys is the stronger
　　　　　　व्हिच ऑफ द टू बॉयज इज द स्ट्रांगर
　　　　　　The higher we go, the cooler it is
　　　　　　द हाइयर वी गो, द कूलर इट इज

16. पारिवारिक नामों, जातियों आदि से पूर्व भी The (द) का प्रयोग होता है।

जैसे :-　　The Bhardwajs　　　　The Brahmanas
　　　　　　The Kaushiks　　　　　The Rajputas
　　　　　　The Vermas　　　　　　The English
　　　　　　The Sharmas　　　　　The Indians

8

Use of It, Here, There and Let
इट, हेयर, देयर एंड लैट का प्रयोग

1. सामान्यतः It (इट) का अर्थ यह, Here (हेयर) का अर्थ यहां, There (देयर) का अर्थ वहां होता है।

2. कुछ वाक्यों में It (इट) का प्रयोग Subject (सब्जेक्ट/कर्त्ता) के स्थान पर Pronoun (प्रोनाउन/सर्वनाम) के रूप में भी होता है। There (देयर) का प्रयोग वाक्यों को केवल आरम्भ करने के लिए किया जाता है।

3. उक्त रूप में प्रयुक्त It (इट) का अर्थ 'यह' और There (देयर) का अर्थ 'वहां' नहीं होता बल्कि उन्हें Introductory (इंटरोडक्टरी/परिचायक) शब्द के रूप में प्रयोग किया जाता है।

4. ऋतु, दिन, समय आदि का वर्णन करने के लिए It (इट) का प्रयोग होता है।

5. अंग्रेजी भाषा में Here (हेयर) और There (देयर) का उपयोग मुहावरों के रूप में भी किया जाता है।

6. सुझाव, अनुमति आदि लेने या देने के लिए Let (लैट) का प्रयोग किया जाता है।

7. वाक्य में Let (लैट) के पश्चात् क्रिया की Ist form (फर्स्ट फार्म/प्रथम रूप) का प्रयोग किया जाता है।

Parts of Speech (पार्ट ऑफ स्पीच) वार्ता के लिए वाक्य-भेद

अंग्रेजी भाषा में शब्दों के आठ Parts (भाग) होते हैं। ये हैं, Nouns (नाउन/संज्ञा), Pronoun (प्रोनाउन/सर्वनाम), Adjective (एडजेक्टिव/विशेषण), Verb (वर्ब/क्रिया), Adverb (एडवर्ब/क्रिया-विशेषण), Preposition (प्रीपोजीशन/सम्बन्ध सूचक), Conjunction (कंजंक्शन/समुच्चय बोधक) और Interjection (इंटरजैक्शन/विस्मयादिबोधक)।

NOUN (नाउन)
संज्ञा

Noun is the name of a person, place or thing.
(नाउन इज द नेम ऑफ ए पर्सन, प्लेस और थिंग)
अर्थात किसी प्राणी, स्थान अथवा वस्तु के नाम को संज्ञा कहा जाता है। जैसे अमर, दिल्ली, पुस्तक आदि।

Kinds of Noun (काइंड्स ऑफ नाउन)
संज्ञा के भेद

संज्ञा निम्नलिखित पाँच प्रकार की होती है:-

1. **Proper Noun (प्रॉपर नाउन/व्यक्तिवाचक संज्ञा):** जब संज्ञा किसी विशेष मनुष्य, स्थान अथवा वस्तु के नाम को व्यक्त करे तो उसे Proper Noun (प्रॉपर नाउन/व्यक्तिवाचक संज्ञा) कहा जाता है।
जैसे :- Ram (राम), Allahabad (इलाहाबाद), Pen (पेन) आदि।

2. **Common Noun (कॉमन नाउन/जातिवाचक संज्ञा):** जब संज्ञा किसी जाति के प्रत्येक व्यक्ति या वस्तु का बोध कराए, तो उसे Common Noun (कॉमन नाउन/जातिवाचक संज्ञा) कहा जाता है।

जैसे :- Boy (बॉय/लड़का), Woman (वूमेन/महिला), Cow (कॉउ/गाय), mountain (माउन्टेन/पर्वत) आदि ।

3. **Collective Noun** (कलैक्टिव नाउन/समूहवाचक संज्ञा): यदि संज्ञा किसी चीज के पूरे समूह का बोध कराए तो उसे Collective Noun (कलैक्टिव नाउन/समूहवाचक संज्ञा) कहते हैं ।

जैसे :- Class (क्लास/कक्षा), Army (आर्मी/सेना), Family (फैमिली/परिवार) आदि ।

4. **Material Noun** (मैटीरियल नाउन/द्रव्यवाचक संज्ञा): यदि संज्ञा किसी धातु या द्रव्य का बोध कराए तो उसे Material Noun (मैटीरियल नाउन/द्रव्यवाचक संज्ञा) कहा जाता है ।

जैसे :- Silver (सिल्वर/चाँदी), Water (वाटर/पानी) आदि ।

5. **Abstract Noun** (एब्स्ट्रेक्ट नाउन/गुणवाचक संज्ञा): यदि संज्ञा किसी गुण अथवा अवस्था का बोध कराए तो उसे Abstract Noun (एब्स्ट्रेक्ट नाउन/गुणवाचक संज्ञा) कहा जाता है ।

जैसे :- Truth (ट्रुथ/सत्य), beauty (ब्यूटी/सौन्दर्य), honesty (ऑनेस्टी/ईमानदारी), आदि ।

NOUN'S NUMBER (नाउन्स नम्बर)
संज्ञाओं के वचन

Nouns (नाउन्स/संज्ञाओं) के दो वचन होते हैं ।

1. एक वस्तु को दर्शाने वाला Noun (नाउन/संज्ञा) को Singular (सिंग्यूलर/एकवचन) कहा जाता है ।

जैसे :- Pen (पेन/कलम), Book (बुक/पुस्तक), Table (टेबल/मेज), Chair (चेयर/कुर्सी) आदि ।

2. अनेक वस्तुओं को व्यक्त करने वाला Noun (नाउन/संज्ञा) को Plural (प्लूरल/बहुवचन) कहा जाता है ।

जैसे :- Pens (पेन्स/कलमें), Books (बुक्स/पुस्तकें), Tables (टेबल्स/मेजें), Chairs (चेयर्स/कुर्सियां), आदि ।

Singular Noun सिंग्यूलर नाउन/एकवचन संज्ञा में निम्नलिखित प्रकार से परिवर्तन करने पर Plural Noun (प्लूरल नाउन/बहुवचन संज्ञा) बनाया जा सकता है।

कुछ शब्दों में 's' जोड़ कर

Girl	गर्ल	लड़की	Girls	गर्ल्स	लड़कियां
Boy	बॉय	लड़का	Boys	बॉयज	लड़के
Hen	हैन	मुर्गी	Hens	हैन्स	मुर्गियां
Book	बुक	पुस्तक	Books	बुक्स	पुस्तकें
Cap	कैप	टोपी	Caps	कैप्स	टोपियां

कुछ शब्दों में 'es' जोड़ कर

Ass	ऐस	गधा	Asses	ऐसेज	गधे
Branch	ब्रांच	शाखा	Branches	ब्रांचेज	शाखाएं
Mango	मैंगो	आम	Mangoes	मैंगोज	अनेक आम
Class	क्लास	कक्षा	Classes	क्लासेज	कक्षाएं
Bus	बस	बस	Buses	बसेज	बसें

कुछ Nouns (नाउन्स/संज्ञाओं) में अंतिम 'f' या 'fe' के स्थान पर 'ves' लगा कर

Calf	काफ	बछड़ा	Calves	काव्ज	बछड़े
Wolf	वुफ	भेड़िया	Wolves	वुल्व्स	भेड़िये
Wife	वाइफ	पत्नी	Wives	वाइव्स	पत्नियां
Life	लाइफ	जीवन	Lives	लाइव्स	अनेक जीवन

कुछ Nouns (नाउन्स/संज्ञाओं) में अंतिम 'y' के स्थान पर 'ies' लगा कर

Army	आर्मी	सेना	Armies	आर्मीज	सेनाएं
Baby	बेबी	बच्चा	Babies	बेबीज	बच्चे
Family	फैमिली	परिवार	Families	फैमिलीज	अनेक परिवार
Lady	लेडी	महिला	Ladies	लेडीज	महिलाएं
Story	स्टोरी	कहानी	Stories	स्टोरीज	कहानियां

कुछ Nouns (नाउन्स/संज्ञाओं) में बीच का स्वर बदल कर

Mouse	माऊस	चूहा	Mice	माइस	चूहे
Tooth	टूथ	दांत	Teeth	टीथ	अनेक दांत

| Man | मैन | आदमी | Men | मैन | अनेक आदमी |
| Woman | वूमैन | औरत | Women | वूमैन | औरतें |

कुछ Nouns (नाउन्स/संज्ञाओं) के अंत में 'ren' या 'en' लगा कर

| Ox | ऑक्स | बैल | Oxen | ऑक्सन | अनेक बैल |
| Child | चाइल्ड | बच्चा | Children | चिल्ड्रन | बच्चे |

कुछ Singular (सिंग्यूलर/एकवचन) और Plural (प्लूरल/बहुवचन) एक समान होते हैं

| Sheep | शीप | भेड़ | Sheep | शीप | भेड़ें |
| Hair | हेयर | बाल | Hair | हेयर | अनेक बाल |

कुछ Nouns (नाउन्स/संज्ञाएं) Singular (सिंग्यूलर/एकवचन) प्रतीत होती हैं, किंतु वास्तव में Plural (प्लूरल/बहुवचन) होती हैं

| Police | पुलिस | पुलिस | Cattle | कैटल | जानवर |

कुछ Nouns (नाउन्स/संज्ञाएं) Plural (प्लूरल/बहुवचन) प्रतीत होती हैं, किंतु वास्तव में Singular (सिंग्यूलर/एकवचन) होती हैं

| News | न्यूज | समाचार | Politics | पॉलिटिक्स | राजनीति |

————————

PRONOUN (प्रोनाउन) सर्वनाम

ऐसे शब्द जो Noun (नाउन/संज्ञा) के स्थान पर प्रयोग किए जाते हैं, उन्हें सर्वनाम कहा जाता है। जैसे I, We, He, She आदि।

Kinds of Pronouns
सर्वनाम के भेद

Pronoun/सर्वनाम निम्नवर्णित 7 प्रकार के होते हैं।

I **Personal Pronoun (पर्सनल प्रोनाउन/पुरुष वाचक सर्वनाम)ः** Personal Pronoun से वक्ता, श्रोता तथा जिस व्यक्ति के विषय में बातचीत की जाती है, इन तीनों का बोध होता है। जैसे : I, We, You, He, She, It आदि।

II **Reflexive Pronoun (रिफ्लेक्सिव प्रोनाउन/निज वाचक सर्वनाम)ः** Reflexive Pronoun किसी व्यक्ति विशेष पर जोर देने के लिए प्रयोग किया जाता है। जैसेः Myself, yourself, himself, herself, itself आदि।

Examples (उदाहरण)

1. You may go there yourself.
   यू मे गो देयर योअर सेल्फ.
   तुम वहां स्वयं जा सकते हो।

2. I myself did this sum.
   आई माइसेल्फ डिड दिस सम.
   मैंने स्वयं यह सवाल किया।

3. He will prepare his lesson himself.
   ही विल प्रिपेयर हिज लेसन हिमसेल्फ.
   वह स्वयं अपना पाठ तैयार करेगा।

III Interrogative Pronoun (इन्टेरोगेटिव प्रोनाउन/प्रश्नवाचक सर्वनाम)ः

Interrogative Pronoun का प्रयोग प्रश्न पूछने के लिए किया जाता है।

Examples (उदाहरण)

1. What is your name?

   व्हाट इज योअर नेम?

   तुम्हारा नाम क्या है?

2. Where do you live?

   व्हेयर डू यू लिव?

   तुम कहां रहते हो?

3. How will you do this sum?

   हाउ विल यू डू दिस सम?

   तुम इस सवाल को कैसे करोगे?

4. Which is your Book?

   विच इज योअर बुक?

   तुम्हारी पुस्तक कौन सी है?

5. Where are you going?

   व्हेयर आर यू गोइंग?

   तुम कहां जा रहे हो?

IV Indefinite Pronoun (इन्डैफिनिट प्रोनाउन/अनिश्चयवाचक सर्वनाम)ः Indefinite Pronoun, Noun की ओर अनिश्चित रूप से संकेत करता है।

Examples (उदाहरण)

1. Some boys are playing.

   सम बॉयज आर प्लेइंग.

   कुछ लड़के खेल रहे हैं।

2. Some Birds are flying.

   सम बर्डस आर फ्लाइंग.

   कुछ पक्षी उड़ रहे हैं।

3. Someone is there in the room.

   समवन इज देयर इन द रूम.

   कमरे के अंदर कोई है।

V Demonstrative Pronoun (डिमांस्ट्रेटिव प्रोनाउन/संकेतवाचक सर्वनाम)ः
Demonstrative Pronoun उस Noun की ओर संकेत करता है, जिसके स्थान पर वह प्रयुक्त होता है।

Examples (उदाहरण)

1. That was a vehicle.
   दैट वाज ए व्हीकल.
   वह एक वाहन था।

2. This is my book.
   दिस इज माई बुक.
   यह मेरी पुस्तक है।

VI Relative Pronoun (रिलेटिव प्रोनाउन/सम्बन्ध वाचक सर्वनाम)ः Relative Pronoun किसी पूर्व कथित Noun की ओर संकेत करता है, तथा दो वाक्यों को जोड़ने का कार्य भी करता है।

Examples (उदाहरण)

1. This is the boy who saved me.
   दिस इज द बॉय हू सेव्ड मी.
   यह वह लड़का है जिसने मुझे बचाया।

2. This is the book which I bought yesterday.
   दिस इज द बुक विच आई बोट यस्टरडे.
   यह वह पुस्तक है जो मैंने कल खरीदी।

VII Distributive Pronoun (डिस्ट्रिब्यूटिव प्रोनाउन/पृथकतावाचक सर्वनाम)ः
Distributive Pronoun किसी Noun को उसके समूह से अलग करता है।

Examples (उदाहरण)

1. Neighter of these four boys is intellegent.
   नाइदर ऑफ दीज फोर बॉयज इज इंटैलीजेंट.
   इन चारों लड़कों में से कोई भी बुद्धिमान नहीं है।

2. None of the girls is beautiful.
   नन ऑफ द गर्ल्स इज ब्यूटीफुल.
   लड़कियों में से कोई भी सुन्दर नहीं है।

————————

⑪ ADJECTIVE (ऐडजेक्टिव)

विशेषण

Adjective (विशेषण) किसी वाक्य की वह विशेषता होती है, जो किसी संज्ञा अथवा सर्वनाम के गुण, संख्या, दशा आदि का बोध कराती है।

Kinds of Adjective

(काइन्ड्स ऑफ ऐडजेक्टिव) विशेषण के प्रकार

I Adjectives of Quality (एडजैक्टिव्स ऑफ क्वालिटी/गुणवाचक विशेषण): ये विशेषण किसी Noun (संज्ञा) या Pronoun (सर्वनाम) के गुण और दोषों का बोध कराते हैं।

Examples (उदाहरण)

1. Rita is a beautiful Girl.
   रीता इज ए ब्यूटीफुल गर्ल.
   रीता एक सुन्दर लड़की है।

2. Shyam is in a clean dress.
   श्याम इज इन ए क्लीन ड्रेस.
   श्याम ने स्वच्छ परिधान पहन रखा है।

II Adjectives of Quantity (एडजैक्टिव्स ऑफ क्वान्टिटी/परिणामवाचक विशेषण): ये विशेषण किसी Noun (संज्ञा) या Pronoun (सर्वनाम) की मात्रा का बोध कराते हैं।

Examples (उदाहरण)

1. There is a little water in my Glass.
   देयर इज ए लिटिल वाटर इन माई ग्लास.
   मेरे गिलास में थोड़ा पानी है।

2. Put some sugar in my tea cup.

पुट सम शुगर इन माई टी कप.

मेरे चाय के प्याले में थोड़ी चीनी डाल दो।

III Adjectives of Numbers (एडजैविटब्स ऑफ नम्बर/संख्यावाचक विशेषण): ये विशेषण किसी Noun (संज्ञा) या Pronoun (सर्वनाम) की संख्या या क्रम का बोध कराते हैं।

Examples (उदाहरण)

1. A horse has four legs.

ए हॉर्स हैज फोर लैग्स.

घोड़े की चार टांगें होती हैं।

2. The third boy in the row is a student of Class X.

द थर्ड बॉय इन द रो इज ए स्टूडेंट ऑफ क्लास X.

पंक्ति में तीसरा लड़का कक्षा X का विद्यार्थी है।

IV Demonstrative Adjectives (डिमांस्ट्रेटिव एडजैक्टिव्स/संकेतवाचक विशेषण): ये विशेषण किसी Noun (संज्ञा) या Pronoun (सर्वनाम) की ओर संकेत करते हैं।

Examples (उदाहरण)

1. This car is ours.

दिस कार इज अवर्स.

यह कार हमारी है।

2. A Poet lives in that city.

ए पोइट लिव्स इन दैट सिटी.

इस शहर में एक कवि रहता है।

V Proper Adjectives (प्रॉपर एडजैक्टिव्स/व्यक्तिवाचक विशेषण): ये विशेषण किसी Proper Noun (संज्ञा) से बनते हैं।

Examples (उदाहरण)

1. The Indian Handicrafts are very famous in the world.

द इंडियन हैंडीक्राफ्ट्स आर वैरी फेमस इन द वर्ल्ड.

भारतीय हस्तशिल्प विश्व में बहुत विख्यात है।

2. The American cotton is long fibre cotton.

द अमेरिकन कॉटन इज लांग फाइबर कॉटन।

अमेरिकन रूई लंबे रेशे वाली रूई है।

VI Interrogative Adjectives (इन्टेरोगेटिव एडजैक्टिव्स/प्रश्नवाचक विशेषण): ये विशेषण किसी Noun (संज्ञा) या Pronoun (सर्वनाम) से प्रश्न पूछते हैं और उनकी विशेषता का बोध कराते हैं।

Examples (उदाहरण)

1. What is your name?

व्हाट इज योअर नेम?

तुम्हारा नाम क्या है?

2. Whose pen is not costly?

व्हूज पेन इज नॉट कॉस्टली?

किसका कलम मूल्यवान नहीं है?

VII Possessive Adjectives (पोजैसिव एडजैक्टिव्स/सम्बन्धवाचक विशेषण): ये विशेषण किसी Noun (संज्ञा) या Pronoun (सर्वनाम) पर अधिकार का बोध कराते हैं।

Examples (उदाहरण)

1. Nitin is my son.

नितिन इज माई सन.

नितिन मेरा पुत्र है।

2. These are our dogs.

दीज आर अवर डॉग्स.

ये हमारे कुत्ते हैं।

VIII Distributive Adjectives (डिस्ट्रब्यूटिव एडजैक्टिव्स/पृथकतावाचक विशेषण): ये विशेषण किसी Noun (संज्ञा) का बोध कराने से पूर्व उसे समूह से अलग कर देते हैं।

Examples (उदाहरण)

1. Each Girl has one book.

ईच गर्ल हैज वन बुक.

प्रत्येक लड़की के पास एक पुस्तक है।

2. Neither boy is intellegent.

नाइदर ब्यॉय इज इंटेलिजैन्ट.

कोई भी लड़का बुद्धिमान नहीं है।

VERB (वर्ब)
क्रिया

Verb (क्रिया) वह शब्द है जो किसी कार्य अथवा fact (तथ्य) को व्यक्त करता है। जैसेः go, is, do, are, play आदि। Verb (क्रिया) के बिना sentence (वाक्य) अर्थहीन और निष्प्राण हो जाता है।

Examples (उदाहरण)

1. Hema is Reading.
   हेमा इज रीडिंग.
   हेमा पढ़ रही है।

2. Ratan has sold his books.
   रतन हैज सोल्ड हिज बुक्स.
   रतन ने अपनी पुस्तकें बेचीं हैं।

3. What is your name?
   व्हाट इज योअर नेम?
   तुम्हारा नाम क्या है?

4. Ladies are going.
   लेडीज आर गोइंग.
   महिलाएं जा रही हैं।

Kinds of Verbs
(काइन्ड्स ऑफ वर्ब्स) क्रिया के भेद

क्रिया के निम्नलिखित भेद होते हैं:

I Principal verbs (प्रिंसीपल वर्ब्स/मुख्य क्रियाएं): Principal verbs वे verbs (क्रियाएं) होती हैं जो किसी कार्य अथवा तथ्य को किसी अन्य शब्द की सहायता के बिना ही व्यक्त करने में समर्थ होती हैं।

Examples (उदाहरण)

1. Four and four make eight.
   फोर एंड फोर मेक एट.
   चार और चार आठ होते हैं।

2. Renu got the first prize.
   रेनू गॉट द फर्स्ट प्राइज.
   रेनू को प्रथम पुरस्कार मिला।

II Auxiliary verbs (आग्जिलियरी वर्ब्स/सहायक क्रियाएं): Auxiliary verbs को Helping verbs (हैल्पिंग वर्ब्स) भी कहते हैं। ये क्रियाएं भिन्न-भिन्न रूप धारण करने में Principal verbs (प्रिंसीपल वर्ब्स) की सहायता करती हैं।

Examples (उदाहरण)

1. Rahul is working.
   राहुल इज वर्किंग.
   राहुल काम कर रहा है।

2. I am going there.
   आई एम गोइंग देयर.
   मैं वहां जा रहा हूँ।

III Transitive verbs (ट्रांसिटिव वर्ब्स/सकर्मक क्रियाएं): इस verb (क्रिया) में verb (वर्ब) के साथ किसी object (ऑब्जेक्ट) कर्म का प्रयोग किया जाता है।

Examples (उदाहरण)

1. Renu need some money.
   रेनू नीड सम मनी.
   रेनू को कुछ धन चाहिए।

2. Naveen cleans his room.
   नवीन क्लीन्स हिज रूम.
   नवीन ने अपना कमरा साफ किया।

IV Intransitive verbs (इंट्रांसिटिव वर्ब्स/अकर्मक क्रियाएं): इस verb (वर्ब) क्रिया में verbs (वर्ब्स) के साथ किसी object (ऑब्जेक्ट) कर्म का प्रयोग किए बिना ही Sentence वाक्य का आशय समझ में आ जाता है।

Examples (उदाहरण)

1. Reeta weeps.
   रीता वीप्स.
   रीता रोती है।

2. Sonu sleeps.
   सोनू स्लीप्स.
   सोनू सोता है।

3. Mona goes.
   मोना गोज.
   मोना जाती है।

4. The lion roars.
   द लॉयन रोर्स.
   शेर दहाड़ता है।

Three Forms of the Verbs
(थ्री फार्म्स ऑफ द वर्ब्स) क्रिया के तीन रूप

Present	उच्चारण	अर्थ	Past	Past Participle
Abuse	एब्यूज	गाली देना	Abused	Abused
Agree	ऐग्री	सहमत होना	Agreed	Agreed
Allow	एलाउ	आज्ञा देना	Allowed	Allowed
Arise	अराइज	उठना	Arose	Arisen
Ask	आस्क	पूछना	Asked	Asked
Bark	बार्क	भौंकना	Barked	Barked
Bath	बाथ	नहाना	Bathed	Bathed
Beat	बीट	पीटना	Beat	Beaten
Beg	बेग	मांगना	Begged	Begged
Begin	बिगिन	आरम्भ करना	Began	Begun
Believe	बिलीव	विश्वास करना	Believed	Believed
Bend	बेंड	झुकाना/झुकना	Bent	Bent
Bite	बाइट	काटना	Bit	Bitten
Boil	बॉयल	उबालना	Boiled	Boiled
Carry	कैरी	ले जाना	Carried	Carried
Call	काल	पुकारना	Called	Called
Catch	कैच	पकड़ना	Caught	Caught
Change	चेंज	बदलना	Changed	Chaned
Come	कम	आना	Came	Come
Cook	कुक	पकाना	Cooked	Cooked
Cut	कट	काटना	Cut	Cut
Dig	डिग	खोदना	Dug	Dug
Do	डू	करना	Did	Done
Drink	ड्रिंक	पीना	Drank	Drunk

Present	उच्चारण	अर्थ	Past	Past Participle
Earn	अर्न	कमाना	Earned	Earned
Eat	ईट	खाना	Ate	Eaten
Fail	फेल	असफल होना	Failed	Failed
Fall	फाल	गिरना	Fell	Fallen
Feel	फील	अनुभव करना	Felt	Felt
Fill	फिल	भरना	Filled	Filled
Forget	फारगेट	भूलना	Forgot	Forgotten
Get	गैट	प्राप्त करना	Got	Got
Give	गिव	देना	Gave	Given
Go	गो	जाना	Went	Gone
Hang	हैंग	फांसी देना	Hanged	Hanged
Hear	हीअर	सुनना	Heard	Heard
Hide	हाइड	छिपाना	Hid	Hidden
Jump	जम्प	कूदना	Jumped	Jumped
Kill	किल	मारना	Killed	Killed
Know	नो	जानना	Knew	Known
Laugh	लाफ	हँसना	Laughed	Laughed
Learn	लर्न	सीखना	Learnt	Learnt
Look	लुक	देखना	Looked	Looked
Make	मेक	बनाना	Made	Made
Marry	मैरी	विवाह करना	Married	Married
Meet	मीट	मिलना	Met	Met
Obey	ओबे	आज्ञा मानना	Obeyed	Obeyed
Open	ओपन	खोलना	Opened	Opened
Play	प्ले	खेलना	Played	Played
Put	पुट	रखना	Put	Put
Read	रीड	पढ़ना	Read	Read

Present	उच्चारण	अर्थ	Past	Past Participle
Ring	रिंग	बजाना	Rang	Rung
Save	सेव	बचाना	Saved	Saved
Say	से	कहना	Said	Said
Send	सैंड	भेजना	Sent	Sent
Search	सर्च	तलाश करना	Searched	Searched
Show	शो	दिखाना	Showed	Shown
Sit	सिट	बैठना	Sat	Sat
Sing	सिंग	गाना	Sang	Sung
Smile	स्माइल	मुस्कराना	Smiled	Smiled
Spend	स्पैंड	खर्च करना	Spent	Spent
Start	स्टार्ट	शुरू करना	Started	Started
Swim	स्विम	तैरना	Swam	Swum
Teach	टीच	पढ़ाना	Taught	Taught
Tear	टीयर	फाड़ना	Tore	Torn
Throw	श्रो	फेंकना	Threw	Thrown
Use	यूज	प्रयोग करना	Used	Used
Wash	वाश	धोना	Washed	Washed
Want	वांट	इच्छा करना	Wanted	Wanted
Weep	वीप	रोना	Wept	Wept
Win	विन	जीतना	Won	Won
Work	वर्क	काम करना	Worked	Worked

ध्यान रखिए Continuous Tenses में Present Participle या ing लगाकर क्रिया रूप का प्रयोग किया जाता है। Verb (क्रिया) की Present Participle Form बनाने के लिए Verb (क्रिया) की First Form में ing और जोड़ दिया जाता है।

जैसे : Work + ing = Working   Teach + ing = Teaching

Ask + ing = Asking   Beat + ing = Beating

Cut + ing = Cutting   Do + ing = Doing

(13)

ADVERB (एडवर्ब)
क्रिया-विशेषण

Adverb (क्रिया-विशेषण) वह शब्द है जो किसी verb (क्रिया), adjective (विशेषण) या अन्य Adverb (क्रिया-विशेषण) की विशेषता का बोध कराए।

Kinds of Adverbs
(काइन्ड्स ऑफ एडवर्ब) क्रिया-विशेषण के प्रकार

1. **Adverb of Time** (एडवर्ब्स ऑफ टाइम/समय सूचक क्रिया-विशेषण): यह Adverb समय का बोध कराता है। जैसेः today (आज), soon (शीघ्र), ago (पहले), now (अब), once (एक बार), before (पहले), after (बाद में), yet (अभी) आदि।

2. **Adverb of Manner** (एडवर्ब्स ऑफ मैनर/रीति सूचक क्रिया-विशेषण): यह Adverb कार्य की रीति का बोध कराता है। जैसेः quickly (शीघ्रता से), slowly (धीरे से), badly (बुरी तरह से), so (ऐसे, इस प्रकार) आदि।

3. **Adverb of Number** (एडवर्ब्स ऑफ नम्बर/संख्या सूचक क्रिया-विशेषण): यह Adverb संख्या का बोध कराता है। जैसेः always (हमेशा), twice (दो बार), thrice (तीन बार), once (एक बार), again (पुनः) आदि।

4. **Adverb of Quantity** (एडवर्ब्स ऑफ क्वांटिटी/परिमाण बोधक क्रिया-विशेषण): यह Adverb परिमाण आदि का बोध कराता है। जैसेः little (थोड़ा), very (बहुत), more (अधिक), enough (पर्याप्त), much (बहुत) आदि।

56

5. **Adverb of Affirmation** (एडवर्ब ऑफ अफर्मेशन/स्वीकृति बोधक क्रिया-विशेषण): यह Adverb स्वीकृति का बोध कराता है। जैसे: yes (हां), certainly (निश्चित रूप से) आदि।

6. **Adverb of Negation** (एडवर्ब ऑफ निगेशन/अस्वीकृति बोधक क्रिया-विशेषण): यह Adverb अस्वीकृति का बोध कराता है। जैसे: no (नहीं), never (कभी नहीं) आदि।

7. **Adverb of Place** (एडवर्ब ऑफ प्लेस/स्थान बोधक क्रिया-विशेषण): यह Adverb किसी स्थान आदि का बोध कराता है। जैसे: anywhere (कहीं भी), below (नीचे), far (दूर), in (अंदर), near (निकट), up (ऊपर), everywhere (प्रत्येक स्थान पर) आदि।

8. **Adverb of Interrogative** (एडवर्ब ऑफ इंटरॉगेटिव/प्रश्न बोधक क्रिया-विशेषण): यह Adverb किसी प्रश्न आदि का बोध कराता है। जैसे: what (क्या), why (क्यों), where (कहां), when (कब), how (कैसे), which (कौन सा/सी) आदि।

———————

(14)

PARTS OF A SENTENCE
(पार्ट्स ऑफ ए सैन्टेन्स) वाक्य के भाग

Sentence (सैन्टेन्स/वाक्य) के निम्नलिखित दो भाग होते हैं :

1. **Subject (सब्जैक्ट/उद्देश्य)ः** Subject वह शब्द होता है, जिसके विषय में कुछ कहा जाता है।

2. **Predicate (प्रेडीकेट/विधेय)ः** Predicate वह शब्द होता है, जो Subject (सब्जैक्ट/उद्देश्य) के बारे में कुछ कहता है।

Examples (उदाहरण)

1. He is reading his book.
   ही इज रीडिंग हिज बुक
   वह अपनी पुस्तक पढ़ रहा है।

2. The door of the room is closed.
   द डोर ऑफ द रूम इज क्लोज्ड
   कमरे का दरवाजा बन्द है।

उक्त दोनों वाक्यों के Subject (सब्जैक्ट/उद्देश्य) और Predicate (प्रेडीकेट/विधेय) इस प्रकार हैं।

Subject (सब्जैक्ट) उद्देश्य	**Predicate (प्रेडीकेट) विधेय**
1. He	is reading his book
ही	इज रीडिंग हिज बुक
2. The door of the room	is closed
द डोर ऑफ द रूम	इज क्लोज्ड

Subject (सब्जैक्ट/उद्देश्य) प्रायः वाक्य के प्रारम्भ में आता है। Noun (नाउन/संज्ञा), Pronoun (प्रोनाउन/सर्वनाम) इसके मुख्य शब्द होते हैं। Predicate (प्रेडीकेट) विधेय का मुख्य शब्द Verb (वर्ब/क्रिया) होता है।

2. **Clause** (क्लॉज/उपवाक्य): Words (शब्दों) के उस समूह को Clause (उपवाक्य) कहा जाता है, जो किसी sentence (वाक्य) का अंश हो और उसके अपने Subject (उद्देश्य) और Predicate (विधेय) हों।

Examples (उदाहरण)

Naveen is a rich man but he is not proudy.

नवीन इज ए रिच मैन बट ही इज नॉट प्राउडी.

नवीन एक धनी आदमी है, परन्तु वह घमंडी नहीं है।

इस sentence (वाक्य) में दो Clause (क्लॉज) उपवाक्य हैं

1. Naveen is a rich man

   और

2. Naveen is not proudy

उपरोक्त दोनों Clauses (क्लॉजेज/उपवाक्यों) को but (बट) conjunction (कंजंक्शन) द्वारा जोड़ा गया है।

Phrase (फ्रेज/वाक्यांश) जिस शब्द समूह से पूरा विचार प्रकट न हो, उसे Phrase (फ्रेज) कहा जाता है। इसमें न तो subject (सब्जैक्ट) होता है और न ही Predicate (प्रेडीकेट)

जैसे:	all in all	आल इन आल
	to and fro	टू एंड फ्रो
	as it is	एज इट इज

15

The Preposition
द प्रीपोजीशन/सम्बन्धबोधक अव्यय

The Preposition (सम्बन्धबोधक अव्यय) वह शब्द होता है, जो किसी Noun (संज्ञा) अथवा Pronoun (सर्वनाम) का सम्बन्ध वाक्य के किसी अन्य शब्द या शब्दों से प्रकट करे।

जैसे :   Rekha is standing <u>on</u> the bench.

रेखा इज स्टेन्डिंग ऑन द बैंच.

रेखा बैंच पर खड़ी है।

Go <u>to</u> your bed.

गो टू योअर बेड.

अपने बिस्तर में जाओ।

The Conjunction
द कंजंक्शन/समुच्चयबोधक अव्यय

Conjunction (समुच्चयबोधक अव्यय) वह शब्द होता है, जो Words (वड्र्स/शब्दों), Phrases/फ्रेजिज/या Clauses (क्लाजिज) को जोड़े। जैसे :

Let us play <u>if</u> you are free.

लैट अस प्ले इफ यू आर फ्री.

यदि तुम खाली हो तो हमें खेलना चाहिए।

Rekha will not come to school <u>as</u> her mother is ill.

रेखा विल नॉट कम टू स्कूल एज हर मदर इज इल.

रेखा विद्यालय नहीं आएगी, क्योंकि उसकी माताजी बीमार हैं।

Interjection
इंटरजैक्शन/विस्मयादिबोधक अव्यय

Interjection (विस्मयादिबोधक अव्यय) वह शब्द होता है, जो आकस्मिक रूप से उत्पन्न हुई किसी feeling (भावना) को व्यक्त करे। जैसे :

Alas! Rohit has failed.

अलास! रोहित हैज फेल्ड.

अरे। रोहित फेल हो गया। (दुखः से)

Oh! you have come.

ओह! यू हैव कम.

अरे! तुम आ गए। (आश्चर्य से)

Nouns : Gender
नाउन्स : जैन्डर/संज्ञा के लिंग

Gender (जैन्डर) का अर्थ है लिंग। सभी सजीव प्राणियों के दो लिंग (sex) होते हैं, (1) Masculine Gender (मैस्कुलिन जैन्डर/पुल्लिंग) (2) Feminine Gender (फैमिनिन जैन्डर/स्त्रीलिंग)।

उपरोक्त के अलावा, कुछ निर्जीव वस्तुओं के लिंग होते ही नहीं। अतः इन्हें Neuter Gender (न्यूटर जेन्डर) नपुंसक लिंग कहा जाता है।

कुछ Nouns (संज्ञाएं) दोनों लिंगों, पुल्लिंग और स्त्रीलिंग, के लिए सामान्य होते हैं। इन्हें Common Gender (कॉमन जैन्डर) उभय लिंग कहा जाता है। जैसे: Vigour (विगर) शक्ति, violence (वायलेंस) हिंसा दिखाने वाले Nouns (संज्ञाएं) Masculine Gender (पुल्लिंग) कहलाते हैं। जैसे : War वार (युद्ध), Sun सन (सूर्य), Death डैथ (मृत्यु) आदि।

Beauty (ब्यूटी/सौन्दर्य), fertility (फर्टिलिटी/उर्वरता), patience (पेशेंस/धैर्य) प्रदर्शित करने वाले nouns (संज्ञाएं) Feminine Gender (स्त्रीलिंग) कहलाते हैं। Teacher (टीचर), Pupil (पुपिल), Friend (फ्रेन्ड), Clerk (क्लर्क), President (प्रेजीडेन्ट), Bird (बर्ड) आदि Common Gender (सामान्य लिंग) के उदाहरण हैं।

Masculine Gender (पुल्लिंग) से
Feminine Gender (स्त्रीलिंग) बनाना

Masculine Gender (पुल्लिंग) से Feminine Gender (स्त्रीलिंग) बनाने के लिए कुछ Nouns (संज्ञाओं) में कुछ परिवर्तन करते हैं या नया शब्द लगाते हैं।

Masculine		Feminine	
Actor	एक्टर	Actress	एक्ट्रेस
Bull	बुल	Cow	काउ
Cock	कॉक	Hen	हैन
Dog	डॉग	Bitch	बिच
Horse	हॉर्स	Mare	मेयर
Husband	हसबैंड	Wife	वाइफ
King	किंग	Queen	क्वीन
Father	फादर	Mother	मदर
Brother	ब्रॉदर	Sister	सिस्टर
Nephew	नैफ्यू	Niece	नाइस
Man	मैन	Woman	वूमैन
Uncle	अंकल	Aunt	आंट
Prince	प्रिंस	Princess	प्रिंसेस
Author	ऑथर	Authoress	आथरेस
Hero	हीरो	Heroine	हीरेइन
Land-lord	लैंड-लॉर्ड	Land lady	लैंड लेडी
Brother in law	ब्रदर इन लॉ	Sister in law	सिस्टर इन लॉ
Poet	पोएट	Poetess	पोएटेस
Lion	लॉयन	Lioness	लायनैस
Father in law	फादर इन लॉ	Mother in law	मदर इन लॉ
Grand Father	ग्रांड फादर	Grand Mother	ग्रांड मदर

Types of Sentences (वाक्यों के प्रकार)

1. **Assertive Sentences** (एसर्टिव सेन्टेन्सेज) कथन वाचक वाक्यः ऐसे वाक्य जो किसी बात का होना या न होना व्यक्त करें, उन्हें Assertive Sentences (कथन वाचक) वाक्य कहा जाता है।

2. **Interrogative Sentences** (इन्टेरोगेटिव सेन्टेन्सेज) प्रश्नवाचक वाक्यः जिन वाक्यों में प्रश्न आदि पूछे जाते हैं, उन्हें Interrogative Sentences (प्रश्न वाचक वाक्य) कहा जाता है।

3. **Imperative Sentences (इम्पेरेटिव सेन्टेन्सेज) आज्ञासूचक वाक्यः** जिन वाक्यों में कोई आज्ञा, प्रार्थना आदि प्रकट की गई हो, उन्हें Imperative Sentences (आज्ञासूचक वाक्य) कहा जाता है।

4. **Optative Sentences (आप्टेटिव सेन्टेन्सेज) इच्छाबोधक वाक्यः** जिन वाक्यों में इच्छा या प्रार्थना दर्शाई गई हो, उन्हें Optative Sentences आदि को व्यक्त किया गया हो, उन्हें Exclamatory Sentences (इच्छाबोधक वाक्य) कहा जाता है।

5. **Exclamatory Sentences (एक्सक्लेमेटरी सेन्टेन्सेज) विस्मयादिबोधक वाक्यः** जिन वाक्यों में Joy (हर्ष), Wonder (आश्चर्य), Sorrow (दुःख), Anger (क्रोध), Hatred (घृणा) आदि को व्यक्त किया गया हो, उन्हें Exclamatory Sentences (विस्मयादिबोधक वाक्य) कहा जाता है।

Assertive Sentences
(कथनवाचक वाक्य)

1. तुम भाग्यहीन हो।
You are unlucky.
यू आर अनलकी.

2. आज सुहावना दिन है।
It is a fine day.
इट इज ए फाइन डे.

3. उसका कोई भाई नहीं है।
She has no brother.
शी हैज नो ब्रॉदर.

4. वह बुद्धिमान नहीं है।
He is not wise.
ही इज नॉट वाइज.

5. मेरी माताजी बड़ी नेक हैं।
My mother is very gentle.
माई मदर इज वैरी जेन्टल.

6. चंद्रमा गोल है।
The moon is round.
द मून इज राउण्ड.

7. वह हमारा घर नहीं है।
That is not our House.
दैट इज नॉट अवर हाउस.

8. वहां कोई नहीं था।
Nobody was there.
नो बॉडी वाज़ देयर.

9. मेरे पास एक बिल्ली थी।
I had a cat.
आई हैड ए कैट.

10. वह काली रात थी।
It was a dark night.
इट वाज ए डार्क नाइट.

Interrogative Sentences (प्रश्नवाचक वाक्य)

1. क्या तुम वृद्ध नहीं हो?
Are you not old?
आर यू नॉट ओल्ड?

2. क्या तुम्हारे पास घड़ी नहीं है?
Have you not watch?
हैव यू नॉट वॉच?

3. क्या वह यहां नहीं आती है?
Does she not come here?
डज शी नॉट कम हेयर?

4. क्या उसके पास गेंद थी?
Had she a ball?
हैड शी ए बॉल?

5. क्या वह तुम्हें ठगता है?
Does he cheat you?
डज ही चीट यू?

6. क्या तमु चाय पीते हो?
Do you take tea?
डू यू टेक टी?

7. क्या तुम्हें हिन्दी नहीं आती?
Do you not know Hindi?
डू यू नॉट नो हिन्दी?

8. क्या उसने तुम्हारी सहायता की?
Did he help you?
डिड ही हैल्प यू?

9. क्या उसका कोई मित्र नहीं है?
Has he no friend?
हैज ही नो फ्रेन्ड?

10. क्या वह तुम्हारे अध्यापक नहीं थे?
Was he not your teacher?
वाज ही नॉट योअर टीचर?

Imperative and Optative Sentences
(आज्ञासूचक और इच्छाबोधक वाक्य)

1. कृपया अंदर आ जाओ।
Please come in.
प्लीज कम इन.

2. अपने जूतों पर पॉलिश करो।
Polish your shoes.
पॉलिश योअर शूज.

3. ईमानदार बनो।
Be Honest.
बी ऑनेस्ट.

4. खड़े मत रहो, बैठ जाओ।
Do not keep standing, please sit down.
डू नॉट कीप स्टेंडिंग, प्लीज सिट डाउन.

5. निकल जाओ।
Get out.
गैट आउट.

6. शोर मत करो।
Do not make a noise.
डू नॉट मेक ए नोइज.

7. ध्यानपूर्वक सुनो।
Listen attentively.
लिसन अटेनशिवली.

8. मूर्ख मत बनो।
Do not be silly.
डू नॉट बी सिल्ली.

9. दूसरों को मत चिढ़ाओ।
Do not tease others.
डू नॉट टीज अदर्स.

10. आशा मत छोड़ो, फिर प्रयत्न करो।
Do not leave hope, try again.
डू नॉट लीव होप, ट्राई अगेन.

11. जुग-जुग जीयो।
May you live long.
मे यू लिव लाँग.

Exclamatory Sentences
(विस्मयादिबोधक वाक्य)

1. शाबाश! तुमने अपने शत्रुओं को परास्त कर दिया।
Bravo! you have defeated your enemies.
ब्रेवो! यू हैव डिफीटिड योअर एनीमीज.

2. खूब किया! मैं प्रसन्न हूँ।
Well done! I am happy.
वैल डन! आई एम हैप्पी.

3. अरे! रतन बर्बाद हो गया है।
Oh! Ratan is ruined.
ओह! रतन इज रूइन्ड.

4. सावधान! राकेश चरित्रहीन है।
Beware! Rakesh is Characterless.
बिवेयर! राकेश इज करेक्टरलैस.

5. ओफो! यह सड़क कब ठीक होगी?
Pooh! when will this road be repaired?
पूह! व्हेन विल दिस रोड बी रिपेयर्ड?

6. कितने दुःख की बात है!
बेचारी का पति मर गया है।
What a pity! The luckless lady's husband has died.
व्हाट ए पिटी! द लकलैस लेडीज. हसबैंड हैज डाइड.

7. कितना चकित करने वाला विचार है!
What a marvellous idea!
व्हाट ए मार्वेलस आइडिया!

8. हे भगवान! मैं इस निर्धनता के जीवन से परेशान हो गया हूँ।
My God! I have become sick of this lifelong poverty.
माई गॉड! आई हैव बीकम सिक ऑफ दिस लाइफलाँग पावर्टी.

9. कितनी पागल लड़की है!
What a foolish Girl!
व्हाट ए फूलिश गर्ल!

10. सावित्री कितना मधुर गाती है!
How sweetly Savitri sings!
हाउ स्वीटली सावित्री सिंग्स!

Degree of Comparison
तुलना के रूप

1. **Positive Degree** (पॉजिटिव डिग्री/सामान्य रूप): यह degree (रूप) किसी गुण के सामान्य रूप को व्यक्त करती हैं, जैसेः Bad (बैड/बुरा), Good (गुड/अच्छा)।

2. **Comparative Degree** (कम्पैयरेटिव डिग्री/तुलनात्मक रूप): यह degree (रूप) दो Nouns (संज्ञाओं) के बीच में किसी गुण या दोष की तुलना करती है। जैसेः better (बैटर/अधिक अच्छा), worse (वर्स/अधिक बुरा) आदि।

3. **Superlative Degree** (सुपरलेटिव डिग्री/सर्वोच्च तुलनात्मक रूप): यह degree (रूप) दो से अधिक Nouns (संज्ञाओं) के बीच में किसी गुण दोष की सर्वोच्चता

को व्यक्त करती है। जैसेः Best (बैस्ट/सबसे अच्छा), worst (वर्स्ट/सबसे बुरा) आदि।

Positive	उच्चारण	अर्थ	Comparative ('er' जोड़कर)	Superlative ('est' जोड़कर)
Bold	बोल्ड	सहासी	Bolder	Boldest
Cheap	चीप	सस्ता	Cheaper	Cheapest
Deep	डीप	गहरा	Deeper	Deepest
Fast	फास्ट	तेज	Faster	Fastest
Few	फ्यू	कुछ	Fewer	Fewest
Great	ग्रेट	महान	Greater	Greatest
Kind	काइंड	दयालु	Kinder	Kindest
Long	लांग	लंबा	Longer	Longest
Old	ओल्ड	पुराना	Older	Oldest
Poor	पूअर	गरीब	Poorer	Poorest
Rich	रिच	अमीर	Richer	Richest
Short	शार्ट	छोटा	Shorter	Shortest
Strong	स्ट्रांग	बलवान	Stronger	Strongest
Sweet	स्वीट	मीठा	Sweeter	Sweetest
Tall	टॉल	लम्बा	Taller	Tallest
Young	यंग	युवा	Younger	Youngest
Warm	वार्म	गर्म	Warmer	Warmest
Weak	वीक	कमजोर	Weaker	Weakest

Positive	उच्चारण	अर्थ	Comparative ('r' जोड़कर)	Superlative ('st' जोड़कर)
Able	एबल	योग्य	Abler	Ablest
Brave	ब्रेव	बहादुर	Braver	Bravest
Large	लार्ज	बड़ा	Larger	Largest
Simple	सिम्पल	साधारण	Simpler	Simplest
White	व्हाइट	सफेद	Whiter	Whitest

अंतिम व्यंजन को Double करके

Positive	उच्चारण	अर्थ	Comparative ('er' जोड़कर)	Superlative ('est' जोड़कर)
Big	बिग	बड़ा	Bigger	Biggest
Fat	फैट	मोटा	Fatter	Fattest
Hot	हॉट	गर्म	Hotter	Hottest
Thin	थिन	पतला	Thinner	Thinnest
Sad	सैड	उदास	Saddar	Saddest

अंतिम 'y' से पहले यदि व्यंजन हो तो 'y' को 'i' में बदल कर

Positive	उच्चारण	अर्थ	Comparative	Superlative
Dirty	डर्टी	गन्दा	Dirtier	Dirtiest
Early	अर्ली	जल्दी से	Earlier	Earliest
Easy	ईजी	आसान	Easier	Easiest
Heavy	हैवी	भारी	Heavier	Heaviest
Lucky	लकी	भाग्यशाली	Luckier	Luckiest
Pretty	प्रेटी	सुन्दर	Prettier	Prettiest

Positive	उच्चारण	अर्थ	Comparative ('more' जोड़कर)	Superlative ('most' जोड़कर)
Active	ऐक्टिव	चुस्त	More active	Most active
Beautiful	ब्यूटीफुल	सुन्दर	More beautiful	Most beautiful
Cruel	क्रूअल	निर्दयी	More cruel	Most cruel
Difficult	डिफिकल्ट	कठिन	More difficult	Most difficult
Urgent	अर्जेन्ट	आवश्यक	More urgent	Most urgent
Useful	यूजफुल	उपयोगी	More useful	Most useful

Adjectives विशेषणों के अनियमित रूप

Positive	उच्चारण	अर्थ	Comparative	Superlative
Good	गुड	अच्छा	Better	Best
Well	वैल	अच्छा	Better	Best
Bad	बैड	बुरा	Worse	Worst
Evil	इविल	बुरा	Worse	Worst
Ill	इल	बुरा	Worse	Worst
Far	फार	दूर	Farther	Farthest
Little	लिटिल	थोड़ा	Less	Least
Many	मैनी	कई	More	Most

Tense
(टेन्स/काल)

अंग्रेजी भाषा को समुचित रूप से बोलना-लिखना सीखने के लिए Tenses (टेन्सिस/कालों) को अच्छी तरह से समझ लेना आवश्यक है। अंग्रेजी भाषा में निम्निलिखित तीन काल होते हैं।

1. Present Tense (प्रेजेन्ट टेन्स/वर्तमान काल)
2. Past Tense (पास्ट टेन्स/भूत काल)
3. Future Tense (फ्यूचर टेन्स/भविष्य काल)

इन सभी Tenses (टेन्सिस/कालों) के निम्नलिखित चार-चार रूप हैं।

1. Indefinite (इन्डेफिनिट/अनिश्चित)
2. Continuous (कन्टीन्यूअस/अपूर्ण)
3. Perfect (परफैक्ट/पूर्ण)
4. Perfect-continuous (परफैक्ट-कंटीन्यूअस/पूर्ण-अपूर्ण)

आइये अब हम इन Tenses (टेन्सिस/कालों) को समझें।

Present Indefinite Tense
प्रेजेन्ट इन्डेफिनिट टेन्स/अनिश्चित वर्तमान काल

Present Indefinite Tense (प्रेजेन्ट इन्डेफिनिट टेन्स/अनिश्चित वर्तमान कालः) में वर्तमान काल में होती हुई क्रिया का समय निश्चित रूप से ज्ञात नहीं होता है, अर्थात् समय अनिश्चित होता है।

पहचान : इस काल के हिन्दी भाषा के वाक्यों के अंत में 'ता हूँ, ती है, ता है, ते हैं, ती हूँ' आता है।

नियम :

1. इस Tense (काल) में verb (क्रिया) की first form (प्रथम रूप) का प्रयोग किया जाता है। Third person singular nouns/pronouns जैसेः Ram, He, She,

It के साथ verb (क्रिया) की first form (प्रथम रूप) के साथ s या es लगाया जाता है।

2. Negative (नकारात्मक) वाक्यों में I, we, you, they तथा Plural Nouns (बहुवचन संज्ञाओं) के साथ 'do not' और verb (क्रिया) की first form (प्रथम रूप) का प्रयोग होता है। इसी प्रकार He, She, It तथा अन्य Third person singular nouns के साथ 'does not' और verb (क्रिया) की first form (प्रथम रूप) का प्रयोग होता है।

3. Interrogative (प्रश्नवाचक) वाक्यों में He, She, It तथा अन्य Third person singular nouns से पूर्व Does लगाया जाता है। I, You, We, They तथा अन्य Plural Nouns (बहुवचन संज्ञाओं) से पहले Do लगाया जाता है। वाक्य के बीच में verb (क्रिया) की first form (प्रथम रूप) लगाई जाती है।

4. Interrogative Sentences (इंटेरोगेटिव सेन्टेन्सेज/प्रश्नवाचक वाक्यों) के अंत में प्रश्नवाचक चिन्ह (?) अवश्य लगाया जाता है।

5. Interrogative-Negative (इंटेरोगेटिव-निगेटिव/प्रश्नवाचक-नकारात्मक) वाक्यों को Do (डू) या Does (डज) से आरम्भ किया जाता है। कर्त्ता और क्रिया की first form (प्रथम रूप) के बीच not (नॉट) लगाया जाता है और वाक्य के अंत में प्रश्नवाचक चिन्ह (?) लगाया जाता है।

They do not read.
दे डू नॉट रीड।
वे नहीं पढ़ते हैं।

They dig the pits.
दे डिग द पिट्स।
वे गड्ढे खोदते हैं।

I ask a question.
आई आस्क ए क्वेश्चन।
मैं एक प्रश्न पूछता हूँ।

Do we laugh?
डू वी लाफ?
क्या हम हंसते हैं?

We eat rice.
वी ईट राइस।

We do not read books.
वी डू नॉट रीड बुक्स।
हम पुस्तकें नहीं पढ़ते हैं।

I play football.
आई प्ले फुटबाल।
मैं फुटबाल खेलता हूँ।

Do I not play chess?
डू आई नॉट प्ले चेस?
क्या मैं शतरंज नहीं खेलता हूँ?

You return my book.
यू रिटर्न माई बुक।
तुम मेरी पुस्तक लौटाते हो।

Does the wind blow strongly?
डज द विंड ब्लो स्ट्रांगली?

हम चावल खाते हैं।

You do not cry.

यू डू नॉट क्राई.

तुम नहीं चीखते हो।

You take tea.

यू टेक टी.

तुम चाय पीते हो।

He does not sleep.

ही डज नॉट स्लीप.

वह सोता नहीं है।

It rains in July.

इट रेन्स इन जुलाई.

जुलाई में वर्षा होती है।

Renu wastes her time.

रेनू वेस्ट्स हर टाइम.

रेनू अपना समय नष्ट करती है।

क्या तेज हवा चलती है?

Does you revise your lesson?

डज यू रिवाइज योअर लैसन?

क्या तुम अपना पाठ दोहराते हो?

Do they beat the children?

डू दे बीट द चिल्ड्रन?

क्या वे बच्चों को पीटते हैं?

She sings a sweet song.

शी सिंग्स ए स्वीट साँग.

वह एक मधुर गीत गाती हैं।

He does not run fast.

ही डज नॉट रन फास्ट.

वह तेज नहीं दौड़ता है।

She does not pluck the fruits.

शी डज नॉट प्लक द फ्रूटस.

वह फल नहीं तोड़ती है।

Exerciese

1. रमेश कब सोता है? — When .... Ramesh?
2. अंधेरी रात में चाँद नहीं चमकता है। — The moon .... in the dark night.
3. क्या सूर्य पूरब में उदय होता है? — .... the Sun .... in the east?
4. तुम कौन सी पुस्तक पढ़ते हो? — Which book .... you ....
5. श्याम बैंक में काम करता है। — Shayam .... in a Bank.
6. वह शोर क्यों मचाती है? — Why .... she .... a noise.
7. वह एक पतंग उड़ाता है। — He .... a kite.
8. वह तेज नहीं दौड़ता है। — He .... run fast.
9. मोनू दिन भर खेलता है। — Monu .... all day long.
10. वह फल नहीं तोड़ती है। — She .... pluck the fruit.
11. सैनिक देश की सेवा करते हैं। — The soldiers .... the country.
12. मैं सदा स्कूल में समय पर पहुँचता हूँ। — I always .... the school in time.
13. पानी 100°C पर उबलता है। — Water .... at 100° C.

14. बर्फ 0°C से ऊपर तापमान पर पिघलती है। — Ice .... above 0°C.
15. गीता बहुत कठिन परिश्रम करती है। — Geeta .... very hard.
16. मेरे पिता जी गांव में रहते हैं। — My father .... at village.
17. दो और दो चार होते हैं — Two and two .... four.
18. तुम स्वस्थ नहीं दिखते हो। — you .... not .... healthy.
19. तारे रात में चमकते हैं। — The stars .... at night.
20. वह रोजाना सैर को जाता है। — He .... our for a daily work.

उपरोक्त Exercise (अभ्यास) में दिए गए अंग्रेजी वाक्यों में रिक्त स्थानों की पूर्ति आप स्वयं करें। बाद में अपने उत्तरों को नीचे दिए गए Model Answers से मिलाएं।

Model Answers

1. does, sleep 2. does not shine 3. Does, rise 4. do, read 5. works 6. does, make 7. flies 8. does not 9. plays 10. does not 11. serve 12. reach 13. boils 14. melts 15. works 16. lives 17. make 18. do, look 19. twinkle 20. goes.

Present Continuous Tense
प्रेजेन्ट कन्टिन्यूअस टेन्स/अपूर्ण वर्तमान काल

Present Continuous Tense (प्रेजेन्ट कन्टिन्यूअस टेन्स/अपूर्ण वर्तमान काल) के वाक्य में ऐसी क्रिया व्यक्त की जाती है, जो बात करते समय हो रहे action (कार्य) को व्यक्त करे।

पहचान : इस काल के हिन्दी वाक्यों के अंत में 'रहा है, रही है, रहे हैं, रहे हो, आते हैं।

नियम :

1. इस Tense (काल) में verb (क्रिया) की first form (प्रथम रूप) के साथ ing जोड़ा जाता है।

2. I, के साथ am, third person singular nouns/pronouns (तृतीय रूप एकवचन संज्ञा/सर्वनाम) जैसे He, She, It, Rita आदि के साथ 'is' लगाया जाता है। Plurals (बहुवचनों) जैसे you, we, they के साथ 'are' लगाया जाता है।

3. Negative (नकारात्मक) वाक्यों में am not, is not, are not का प्रयोग verb (क्रिया) की first form (प्रथम रूप) और 'ing' से पहले किया जाता है।

4. Interrogative (प्रश्नवाचक) वाक्यों को Is, are, am से प्रारम्भ किया जाता है।

इन वाक्यों के अंत में प्रश्नवाचक चिन्ह (?) अवश्य लगाया जाता है।

5. Interrogative-Negative (प्रश्नवाचक-नकारात्मक) वाक्यों को Is, am, are से प्रारम्भ किया जाता है। इन वाक्यों में कर्त्ता और verb (क्रिया) के बीच में not लगाते हैं। verb (क्रिया) की first form (प्रथम रूप) में 'ing' लगाते हैं और वाक्य के अंत में प्रश्नवाचक चिन्ह (?) लगाते हैं।

1. हम सैर कर रहे हैं।   We are walking.
वी आर वाकिंग.

2. मैं अभी आ रहा हूँ।   I am coming just now.
आई एम कमिंग जस्ट नाव.

3. तुम अपने कपड़े बदल रहे हो।   You are changing your clothes.
यू आर चेन्जिंग योअर क्लॉथ्स.

4. क्या मैं अपना समय नष्ट कर रहा हूँ?   Am I wasting my time?
एम आई वेस्टिंग माई टाइम?

5. हम सो नहीं रहे हैं।   We are not sleeping.
वी आर नॉट स्लीपिंग.

6. तेज हवा चल रही है।   It is blowing hard.
इट इज ब्लोविंग हार्ड.

7. वह दौड़ नहीं रहा है।   He is not running.
ही इज नाट रनिंग.

8. क्या पत्ते नहीं गिर रहे हैं?   Are the leaves not falling?
आर द लीव्स नॉट फालिंग?

9. क्या वे सो नहीं रहे हैं?   Are they not sleeping.
आर दे नॉट स्लीपिंग?

10. हम रो नहीं रहे हैं।   We are not weeping.
वी आर नॉट वीपिंग.

11. मैं एक पत्र लिख रहा हूँ।   I am writing a letter.
आई एम राइटिंग ए लैटर.

12. मैं अपने भाई की सहायता कर रहा हूँ। I am helping my brother
आई एम हैल्पिंग माई ब्रादर.

13. रामू और श्यामू चाय पी रहे हैं।   Ramu and Shaymu are taking tea
रामू एंड श्यामू आर टेकिंग टी.

14. वह झूठ नहीं बोल रहा है।
He is not telling a lie.
ही इज नॉट टेलिंग ए लाई.

15. वे समाचार पत्र पढ़ रहे हैं।
They are reading the newspaper.
दे आर रीडिंग द न्यूज पेपर।

16. क्या पक्षी उड़ रहे हैं?
Are the birds flying?
आर द बर्डस फ्लाइंग?

17. हम प्रश्न हल कर रहे हैं
We are solving the sums.
वी आर सोल्विंग द सम्स.

18. वह आजकल योगाभ्यास कर रहा है।
He is practising yoga these days.
ही इज प्रैक्टाइसिंग योगा दीज डेज.

19. तुम आजकल क्या कर रहे हो?
What are you doing these days?
व्हाट आर यू डूइंग दीज डेज?

20. दरवाजा कौन खटखटा रहा है?
Who is knocking at the door?
दू इज नॉकिंग एट द डोर?

Exercise
अभ्यास

1. क्या लता गीत नहीं गा रही है? .... Lata not .... a song?
2. पक्षी आकाश में नहीं उड़ रहे हैं। Birds .... not .... in the sky.
3. वे सिनेमा देखने जा रहे हैं। The .... to see a film
4. तेज वर्षा नहीं हो रही है। It .... not .... heavily.
5. वह क्यों कांप रही है। Why .... she .... ?
6. जलयान लंगर डाल रहा है। The ship .... the anchor.
7. क्या तुम अपना पाठ नहीं दोहरा रहे हो? .... you not .... your lesson?
8. क्या मैं एक चित्र बना रहा हूँ? .... I .... a picture?
9. क्या कमला चाय नहीं बना रही है? .... Kamla not .... tea?
10. अधिक कार्य से मेरे स्वास्थ्य पर बुरा प्रभाव पड़ रहा है। Over work .... upon my health.
11. मैं पैदल नहीं चल रहा हूँ। I am not ....
12. क्या वह घर जा रही है। Is she .... home?
13. तुम व्यर्थ रो रही हो। You are .... in vain

14. मैं एक पत्र लिख रहा हूँ।	I am .... a letter.
15. वह भोजन पका रही है।	She is .... food.
16. वे प्रश्न हल कर रहे हैं।	They are .... the sum.
17. क्या मैं सो रहा हूँ?	Am I .... ?
18. वह झूठ नहीं बोल रही है।	She is not .... a lie.
19. मैं उसे नहीं पीट रहा हूँ	I am not .... him.
20. तुम घर कब लौट रहे हो?	When are you .... home?

Model Answers

1. is, singing **2.** are, flying **3.** are going **4.** is raining **5.** is, shivering **6.** is casting **7.** are, revising **8.** am, drawing **9.** is, making **10.** is telling **11.** walking **12.** going **13.** crying **14.** writing **15.** cooking **16.** solving **17.** sleeping **18.** telling **19.** beating **20.** returning.

Present Prefect Tense
प्रेजेन्ट परफैक्ट टेन्स/पूर्ण वर्तमान काल

Present Perfect Tense (प्रेजेन्ट परफैक्ट टेन्स) पूर्ण वर्तमान काल के वाक्य में ऐसी क्रिया व्यक्त की जाती है, जो अभी-अभी वर्तमान काल में पूर्ण हुई हो।

पहचान : इस काल के हिन्दी वाक्यों में चुका है, चुके हैं, चुका हूँ, लिया हूँ, लिए हैं, चुकी हैं आदि आते हैं।

नियम :

1. इस Tense (काल) में verb (क्रिया) की third form (तृतीय रूप) का प्रयोग किया जाता है।

2. He, She, It, या Third person, (अन्य पुरुष) एकवचनों के साथ 'has' लगाया जाता है।

3. I, we, you, they तथा बहुवचनों के साथ 'have' लगाया जाता है।,

4. Negative (नकारात्मक) वाक्यों में has not या have not का प्रयोग होता है।

5. Interrogative (प्रश्नवाचक) वाक्यों को Has, Have से प्रारम्भ किया जाता है। इन वाक्यों के अंत में प्रश्नवाचक चिन्ह (?) अवश्य लगाया जाता है।

6. Interrogative-Negative (प्रश्नवाचक-नकारात्मक) वाक्यों को has या have से प्रारम्भ किया जाता है। कर्ता और verb (क्रिया) की Third form (तृतीय रूप) और 'not' लगाया जाता है। वाक्य के अंत में प्रश्नवाचक चिन्ह (?) लगाते हैं।

1. वर्षा हो चुकी है।
It has rained.
इट हैज रेन्ड.

2. मैं अपने मित्रों से मिल लिया हूँ।
I have met my friends.
आई हैव मैट माई फ्रेन्ड्स.

3. वह पत्र लिख चुका है।
He has written a letter.
ही हैज रिटन ए लैटर.

4. वे घर पहुँच चुके हैं
They have reached home.
दे हैव रीच्ड होम.

5. हम असफल हो गए।
We have failed.
वी हैव फेल्ड.

6. वह गाना गा चुकी है।
She has sung a song.
शी हैज संग ए साँग.

7. क्या मैंने आपकी सहायता की है?
Have I helped you?
हैव आई हैल्प्ड यू?

8. क्या वह शर्त हार चुकी है?
Has she lost the bet?
हैज शी लॉस्ट द बेट?

9. क्या तुमने स्नान नहीं किया है?
Have you not taken a both?
हैव यू नॉट टेकन ए बाथ?

10. मैंने अपना कार्य कर लिया है।
I have done my work.
आई हैव डन माई वर्क.

11. क्या रेलगाड़ी अभी तक नहीं आई है?
Has the train not arrived yet?
हैज द ट्रेन नॉट एराइव्ड यट?

12. उसने कार नहीं रोकी है।
He has not stopped the car.
ही हैज नॉट स्टाप्ड द कार.

13. तुम आगरा से कब लौटे हो?
When have you returned from Agra?
व्हेन हैव यू रिटर्नड फ्राम आगरा?

14. यह स्लेट किसने तोड़ी है?
Who has broken this slate?
हू हैज ब्रोकन दिस स्लेट?

15. जोर की वर्षा हुई है।
It has rained heavily.
इट हैज रेन्ड हैविली.

16. वह यहां क्यों आई है?
Why has she come here?
व्हाई हैज शी कम हेयर?

17. क्या अतिथियों ने चाय पी ली है?
Have the guests taken tea?
हैव द गेस्ट टेकन टी?

18. तुमने अच्छा सौदा किया है।
You have made a good bargain.
यू हैव मेड ए गुड बारगेन.

19. अशोक ने अपना स्कूटर बेच दिया है।
Ashok has sold his scooter.
अशोक हैज सोल्ड हिज स्कूटर.

20. क्या विमलेश ने पाठ पढ़ाया है?
Has Vimlesh taught the lesson?
हैज विमलेश टॉट द लेसन?

Exercise
अभ्यास

1. क्या उसने तुम्हें धोखा दिया है?
.... she .... you?

2. वह तुम्हें कब से जानती है?
How long .... she .... you?

3. क्या उसे अच्छी नौकरी नहीं मिली है?
.... he not .... a good job?

4. वे क्यों खिसक गए हैं?
why .... they .... away?

5. क्या उन्होंने पत्र डाक में नहीं डाले हैं?
.... they not .... the letters?

6. क्या उन्होंने सांप को नहीं मारा है?
.... they not .... the snake?

7. जुए ने उसे बर्बाद कर दिया।
Gambling .... him.

8. मैंने यह स्कूटर 10 वर्ष चलाया है।
I .... this scooter for ten years.

9. क्या उसने तुम्हारी मदद करने से इंकार कर दिया?
.... he .... to help you?

10. क्या तुमने उसके मरने की खबर सुनी?
.... you .... the news of her death?

11. वह पत्र लिख चुका है।
He .... a letter.

12. क्या आपने स्नान नहीं किया है?
.... you not .... a bath

13. वर्षा हो चुकी है।
.... has ....

14. वह गाना गा चुकी है।
She .... a song.

15. तुम अपना धन गंवा चुके हो।
You ....your money.

16. हमने नाश्ता नहीं किया है।	We .... not .... our breakfast.
17. मैं चाय पी चुका हूँ।	I .... tea
18. क्या तुम कपड़े धो चुकी हो?	.... you .... cloths?
19. क्या वह शर्त हार चुकी है?	.... she .... the bet?
20. वे घर पहुँच चुके हैं!	They .... home.

Model Answers

1. Have, deceived **2.** has, known **3.** Has, got **4.** have, slipped **5.** Have, posted **6.** Have, killed **7.** has, ruined **8.** have, used **9.** Has, refused **10.** Have, heared **11.** has, written **12.** Have, taken **13.** It, rained **14.** has, sung. **15.** have, wasted **16.** have, taken **17.** have, taken **18.** Have, washed **19.** Has, lost **20.** have, reached.

Present Prefect Continuous Tense
प्रेजेन्ट परफैक्ट कन्टिन्यूअस टेन्स/पूर्ण-अपूर्ण वर्तमान काल

Present Perfect Continuous Tense (प्रेजेन्ट परफैक्ट कन्टिन्यूअस टेन्स) पूर्ण-अपूर्ण वर्तमान काल के वाक्यों में ऐसी क्रिया व्यक्त की होती है, जो पिछले कुछ समय से होती आ रही हो तथा प्रतिदिन अंशतः पूर्ण होकर भी अभी तक जारी हो।

पहचान : इस काल के हिन्दी वाक्यों में ता रहा है, ते रहे हैं, ता रहा हूँ, ता रही है, ते रहे हो, रहे हैं आते हैं। इसके साथ ही काम के आरम्भ होने का समय भी दिया होता है।

नियम :

1. इस काल के अंग्रेजी वाक्यों में verb (क्रिया) की first form (प्रथम रूप) के साथ 'ing' जोड़ा जाता है।

2. I, We, You, They, बहुचनों के साथ have been तथा He, She It और अन्य Third Person Singulars (एकवचनों) के साथ has been लगाया जाता है

3. Negative (नकारात्मक) वाक्यों में has not been या have not been का प्रयोग होता है।

4. Interrogative (प्रश्नवाचक) वाक्यों को Has, Have से प्रारम्भ किया जाता है। इन वाक्यों के अंत में प्रश्नवाचक चिन्ह अवश्य लगाया जाता है।

5. Interrogative-Negative (प्रश्नवाचक-नकारात्मक) वाक्यों को Has या have से प्रारम्भ किया जाता है। कर्ता और 'been' के बीच 'not' लगाया जाता है। वाक्यों के अंत में प्रश्नवाचक चिन्ह लगाते हैं।

6. यदि समय निश्चित समय अवधि के साथ since और अनिश्चित समय अवधि के साथ 'for' लगाया जाता है।

1. वह चार दिनों से सो नहीं रहा है।
He has not been sleeping for four days.
ही हैज नॉट बीन स्लीपिंग फॉर फोर डेज.

2. रामू दो घंटों से कपड़े धो रहा है।
Ramu has been washing the cloths for two hours.
रामू हैज बीन वाशिंग द क्लॉस फॉर टू आवर्स.

3. वह सुबह से रो रही है।
She has been weeping since morning.
शी हैज बीन वीपिंग सिन्स मॉर्निंग.

4. क्या तुम दो बजे से सो रहे हो?
Have you been sleeping since two o'clock?
हैव यू बीन स्लीपिंग सिन्स टू ओ'क्लाक?

5. हम दो घंटों से तैर रहे हैं।
We have been swimming for two hours.
वी हैव बीन स्वीमिंग फॉर टू आवर्स.

6. मैं प्रातः से पढ़ रहा हूँ।
I have been reading since morning
आई हैव बीन रीडिंग सिन्स मॉर्निंग.

7. तुम आधा घंटे से अपना समय नष्ट कर रहे हो।
You have been wasting your time for half an hour
यू हैव बीन वेस्टिंग योअर टाइम फॉर हाफ एन आवर.

8. वे दो दिनों से स्कूल नहीं आ रहे हैं।
They have not been coming to the school for two days.
दे हैव नॉट बीन कमिंग टू द स्कूल फॉर टू डेज.

9. दो वर्षों से वर्षा नहीं हो रही है।
It has not been raining for two years.
इट हैज नॉट बीन रेनिंग फॉर टू ईयर्स.

10. क्या प्रातः से वर्षा हो रही है?

Has it been raining since morning?
हैज इट बीन रेनिंग सिन्स मॉर्निंग?

11. अमर प्रातः से तालाब में तैर रहा है।

Amar has been swimming in he pond since morning.
अमर हैज बीन स्वीमिंग इन द पॉन्ड सिन्स मॉर्निंग.

12. क्या चार बजे से नल चल रहा है?

Has the tap been running since 4 O'clock.
हैज द टैप बीन रनिंग सिन्स फोर ओ' क्लाक?

13. लड़के एक घंटे से शोर मचा रहे हैं।

The boys have been making a noise for an hour.
द बॉयज हैव बीन मेकिंग ए नोइज फॉर एन आवर।

14. वह 1995 से इस विद्यालय में पढ़ रही है।

She has been studying in this school since 1995.
शी हैज बीन स्टडीइंग इन दिस स्कूल सिन्स 1995.

15. सुबह से ओले गिर रहे हैं।

It has been hailing since morning school since 1995.
इट हैज बीन हेलिंग सिन्स मॉर्निंग.

16. पांच मिनट से दरवाजा कौन खटखटा रहा है?

How has been knocking at the door for five minutes
हू हैज बीन नॉकिंग एट द डोर फॉर फाइव मिनट्स?

17. क्या वह दुकानदार मुझे कई वर्षों से नहीं ठग रहा है?

Has that shopkeeper not been deceiving me for many years?
हैज दैट शॉपकीपर नॉट बीन डिसिविंग मी फॉर मैनी इयर्स?

18. तुम कल से स्वेटर नहीं बुन रही हो।

You have not been knitting the sweater since yesterday.
यू हैव नॉट बीन निटिंग द स्वेटर सिन्स यस्टरडे.

19. अनिता दस वर्षों से विजय के साथ रह रही है।

Anita has been living with Vijay since ten years.

अनिता हैज बीन लिविंग विद् विजय सिन्स टैन ईयर्स.

20. वह एक घंटे से क्या कर रही है?

What has she been doing for an hour?

व्हाट हैज शी बीन डूइंग फॉर एन ऑवर?

Exercise
अभ्यास

1. प्रातःकाल से ओले गिर रहे हैं।
It .... morning.

2. वह कई वर्षों से झूठ बोलती रही है।
She .... lies .... many years.

3. वह 2001 से इस विद्यालय में पढ़ रहा है।
He .... in this school 2001

4. उसे एक पखवाड़े से बुखार आ रहा है।
He .... from fever .... a fortnight.

5. हम आधा घंटे से बस की प्रतीक्षा नहीं कर रहे हैं
We .... for the bus .... half an hour.

6. वह एक घंटे से क्या कर रहा है?
.... he .... an hour?

7. तुम 2002 से किराया नहीं दे रहे हो।
You .... not .... the rent .... 2002.

8. तुम कल से स्वेटर नहीं बुन रही हो।
You .... not .... the sweater since yesterday.

9. क्या तुम आठ बजे से अपना समय नष्ट नहीं कर रहे हो?
.... your time .... 8 o'clock

10. क्या पक्षी भोर से चहचहा रहे हैं?
.... the birds .... dawn?

11. क्या वह 5 वर्षों से मुझे पत्र नहीं लिख रही है?
.... she .... letters to me .... five years?

12. क्या प्रातः से वर्षा हो रही है?
.... it .... since morning.

13. वह प्रातः से रो रही है।
She .... since morning.

14. हम दो घंटों से तैर रहे हैं।	We .... been swimming .... two hours.
15. वह पांच मिनटों से सुबक रही है	She .... been sobbing .... five minutes.
16. वे दो दिनों से स्कूल नहीं आ रहे हैं।	They .... not been coming to the school .... two days.
17. दो वर्षों से वर्षा नहीं हो रही है।	It .... not .... for two years.
18. मैं दो वर्षों से सेब बेच रहा हूँ।	I .... selling vegetables for two years.
19. तुम इस होटल में कब से रुके हुए हो?	How long .... you .... in this hotel?
20. वह दो वर्षों से अमित के साथ रह रही है	She .... with Amit .... two years.

उपरोक्त Exercise में दिए गए अंग्रेजी वाक्यों में रिक्त स्थानों की पूर्ति आप स्वयं करें। बाद में अपने उत्तर को नीचे दिए गए Model Answers से मिलाएं।

Model Answers

1. has been hailing since	11. Has, not been writing, for
2. has been teeling, for	12. Has, been raining
3. has been studying, since	13. has been weeping
4. has been suffering, for	14. have, for
5. have not been waiting, for	15. has, for
6. what has, been doing for	16. has, for
7. have, been paying, since	17. has, been raining
8. have, been knitting	18. have been
9. have, not been wasting since	19. have been, staying
10. have, been chirping since	20. has been living, for

Past Indefinite Tense
पास्ट इन्डेफिनिट टेन्स/अनिश्चित भूतकाल

Present Indefinite Tense पास्ट इन्डेफिनिट टेन्स/अनिश्चित भूतकाल के वाक्यों में भूतकाल में समाप्त होने वाली क्रिया का समय निश्चित रूप से ज्ञात नहीं होता है।

पहचान : इस काल के हिन्दी के वाक्यों के अंत में 'आ, ए, ई या, ये, यी आते हैं।

नियम :

1. इस Tense (काल) में verb (क्रिया) की second form (दूसरे रूप) का प्रयोग किया जाता है ।

2. Negative (नकारात्मक) वाक्यों में did not के बाद verb (क्रिया) की first form (प्रथम रूप) का प्रयोग होता है ।

3. Interrogative (प्रश्नवाचक) वाक्यों को Did से प्रारम्भ किया जाता है तथा वाक्य के बीच में verb (क्रिया) की first form (प्रथम रूप) लगाई जाती है । वाक्य के अंत में प्रश्नवाचक चिन्ह (?) अवश्य लगाया जाता है ।

4. Interrogative-Negative (इंटेरोगेटिव-निगेटिव/प्रश्नवाचक-नकारात्मक) वाक्यों को 'Did' से आरम्भ किया जाता है । कर्ता और verb (क्रिया) की first form (प्रथम रूप) के बीच 'not' (नॉट) लगाया जाता है और वाक्य के अंत में प्रश्नवाचक चिन्ह (?) लगाया जाता है ।

1. वह स्टेशन नहीं पहुँचा ।
He did not reach the station.
ही डिड नॉट रीच द स्टेशन.

2. क्या तुम डाकघर गए?
Did you go to the post-office?
डिड यू गो टू द पोस्ट-ऑफिस?

3. हमने परीक्षा दी ।
We took the test.
वी टुक द टेस्ट.

4. मैंने पांच रुपये खर्च किए ।
I spent five rupees.
आई स्पेन्ट फाइव रुपीज.

5. सविता ने एक मधुर गीत गाया ।
Savita sang a sweet song.
सविता सैंग ए स्वीट साँग.

6. वह मुझ पर हँसा ।
He laughed at me.
ही लाफ्ड एट मी.

7. वह दरवाजे पर खड़ी हो गई ।
She stood in the door.
शी स्टुड द डोर.

8. उसने कल झूठ बोला ।
He told a lie yesterday.
ही टोल्ड ए लाई यस्टरडे.

9. तुमने कल क्या खाया?
What did you eat yesterday.
व्हाट डिड यू ईट यस्टरडे.

10. तुमने किसको ठगा? Whom did you cheat?
हूम डिड यू चीट?

11. उसने किसकी घड़ी चुराई। Whose watch did he steal?
हूज वाच डिड ही स्टील?

12. अध्यापक ने उसे कठोर दंड दिया। The teacher punished him severely.
द टीचर पनिशड हिम सेवेरली.

13. हम रोगी को अस्पताल ले गए। We took the patient to the hospital.
वी टुक द पेशेन्स टू द हॉस्पिटल.

14. उन्होंने आज स्नान नहीं किया। They did not bathe themselves today.
दे डिड नॉट बॉथ दैमसेल्व्स टूडे.

15. उसने तुम्हें गाली क्यों दी? Why did he abuse you?
व्हाई डिड ही एब्यूज यू?

16. उसने कल झूठ बोला। He told a lie yesterday.
ही टोल्ड ए लाई यस्टरडे.

17. वह तुम पर क्यों हंसी? Why did she laugh at you?
व्हाई डिड शी लॉफ एट यू?

18. मम्मी ने चाय तैयार की। Mummy prepared tea.
मम्मी प्रिपेयर्ड टी.

19. क्या हम फिल्म देखने गए? Did we go to see the film?
डिड वी गो टू सी द फिल्म?

20. नेहा अपनी कक्षा में प्रथम नहीं आई। Neha did not stand first in her class.
नेहा डिड नॉट स्टैन्ड फर्स्ट इन हर क्लास.

Exercise
अभ्यास

1. चित्रा अपनी कक्षा में प्रथम नहीं आई। Chitra .... first in her class.
2. हमारी टीम ने मैच जीता। Our team .... the match.
3. क्या आज मुर्गे ने बांग नहीं दी? .... the cock not .... today?
4. उसने मुझे एक प्याला चाय भी नहीं दी। She .... me even a cup of tea.
5. क्या हम फिल्म देखने गए? .... we .... to see the film?

<table>
<tr><td>6. क्या उन्होंने सच नहीं बोला?</td><td>.......... they .... the truth?</td></tr>
<tr><td>7. अनिता ने कठोर परिश्रम नहीं किया।</td><td>Anita .... hard.</td></tr>
<tr><td>8. कल रात को चाँद नहीं चमका।</td><td>The moon .... the previous night.</td></tr>
<tr><td>9. मम्मी ने चाय तैयार की।</td><td>Mummy .... tea.</td></tr>
<tr><td>10. कल एक्सप्रेस बसें नहीं चलीं।</td><td>Express buses .... yesterday.</td></tr>
<tr><td>11. वह स्कूल में समय पर नहीं पहुँचा।</td><td>He .... the school in time.</td></tr>
<tr><td>12. वह तुम पर क्यों हंसी?</td><td>.......... she laugh at you?</td></tr>
<tr><td>13. मेरा भाई कल जयपुर गया।</td><td>My brother .... for Jaipur yesterday.</td></tr>
<tr><td>14. उसने कठिन परिश्रम नहीं किया।</td><td>He .... not .... hard.</td></tr>
<tr><td>15. क्या अंजना ने अनिल को पत्र लिखा?</td><td>.......... Anjana .... a letter to Anil?</td></tr>
<tr><td>16. पेड़ से पत्तियां गिरीं।</td><td>Leaves .... from the tree.</td></tr>
<tr><td>17. हमने महेश को अपना अध्यापक चुना।</td><td>We .... Mahesh as our teacher.</td></tr>
<tr><td>18. बूढ़े आदमी को किसने गाली दी?</td><td>Who .... the old man?</td></tr>
<tr><td>19. क्या उसने नौकरी स्वीकार नहीं की?</td><td>.......... she not .... the job?</td></tr>
<tr><td>20. मैंने तीन लीटर दूध खरीदा।</td><td>I .... three litres of milk.</td></tr>
</table>

Models Answers

1.did not stand 2. won 3. did, crow 4. did not offer 5. Did, go 6. Did, not speak 7. did not work 8. did not shine 9. made/prepared 10. did not play 11. did not reach 12. why did 13. left 14. did, work 15. Did, write 16. fell 17. chose 18. abused 19. Did, accept 20. bought.

Past Continuous Tense
पास्ट कन्टिन्यूअस टेन्स/अपूर्ण वर्तमान काल

Past Continuous Tense (पास्ट कन्टिन्यूअ सटेन्स) अपूर्ण भूतकाल के वाक्य में ऐसी क्रिया व्यक्त की गई होती है, जो बात करने के समय से पूर्व हो रहे action (कार्य) को व्यक्त करे।

पहचान : इस काल के हिन्दी वाक्यों के अंत में रहा था, रही थी, रहे थे, रही थीं आता है।

नियम :

1. इस Tense (काल) में verb (क्रिया) की first form (प्रथम रूप) के साथ ing जोड़ा जाता है।

2. I तथा Third Person Singular Nouns/Pronouns (तृतीय रूप एकवचन संज्ञा ⁄ सर्वनाम) जैसे Rekha, Radha, Ramesh, Delhi, He, She, It आदि के साथ 'was' तथा Plurals (बहुवचनों) जैसे you, we, they के साथ 'were' लगाया जाता है।

3. Negative (नकारात्मक) वाक्यों में 'was not' या, 'were not का प्रयोग verb (क्रिया) की first form (प्रथम रूप) और 'ing' से पूर्व किया जाता है।

4. Interrogative (प्रश्नवाचक) वाक्यों को was या were से प्रारम्भ किया जाता है। इन वाक्यों के अंत में प्रश्नवाचक चिन्ह (?) अवश्य लगाया जाता है।

5. Interrogative-Negative (प्रश्नवाचक-नकारात्मक) वाक्यों को Was, Were से प्रारम्भ किया जाता है। इन वाक्यों में कर्ता के बाद not तथा verb (क्रिया) की first form (प्रथम रूप) में 'ing' लगाते हैं। इन वाक्यों के अंत में प्रश्नवाचक चिन्ह (?) अवश्य लगाया जाता है।

1. सूर्य उदय हो रहा था।	The Sun was rising द सन वाज राइजिंग.
2. आप कपड़े धो रहे थे।	You were washing the clothes. यू वर वाशिंग द क्लाथ्स.
3. क्या तुम स्टेशन पहुँच रहे थे?	Were you reaching the station? वर यू रीचिंग द स्टेशन?
4. क्या आप नदी को पार कर रहे थे?	Were you crossing the river? वर यू क्रासिंग द रिवर?
5. मैं उसे पाठ पढ़ा रहा था।	I was teaching him/her a lesson. आई वाज टीचिंग हिम/हर ए लेसन.
6. वह कागजों को फाड़ रही थी।	She was tearing the papers. शी वाज टीयरिंग द पेपर्स.
7. चपरासी घंटी बजा रहा था।	The peon was ringing the bell. द प्यून वाज रिंगिंग द बैल.
8. वह मेरे पत्र का उत्तर दे रहा था।	He was replying to my letter. ही वाज रैपलांइग टू माई लैटर.

9. तुम गली में क्यों घूम रहे थे?
Why were you wandering in the street?
क्हाई वर यू वेन्डरिंग इन द स्ट्रीट?

10. वह चाय परोस रही थी।
She was serving tea.
शी वाज सर्विंग टी.

11. वह एक कविता याद कर रही थी।
She was learning a poem by heart.
शी वाज लर्निंग ए पोइम बाई हार्ट.

12. वे फूल तोड़ रहीं थीं।
They were plucking the flowers.
दे वर प्लकिंग द फ्लावर्स.

13. क्या हम सच नहीं बोल रहे थे?
Were we not speaking the truth?
वर वी नॉट स्पीकिंग द ट्रुथ?

14. माली पौधों को पानी नहीं दे रहा था।
The gardener was not watering the plants.
द गार्डनर वाज नॉट वाटरिंग द प्लान्ट्स।

15. हम शोर नहीं मचा रहे थे।
We were not making a noise.
वी वर नॉट मेकिंग ए नोइज.

16. मैं समाचार सुन रहा था।
I was listening to the News.
आई वाज लिसनिंग टू द न्यूज.

17. कुत्ता भौंक नहीं रहा था।
The dog was not barking.
द डॉग वाज नॉट बार्किंग.

18. क्या जोर की वर्षा हो रही थी?
Was it raining heavily?
वाज इट रेनिंग हैविली?

19. क्या पक्षी चहचहा रहे थे?
Were the birds chirping?
वर द बर्ड्स चिर्पिंग?

20. मजदूर गड्ढे खोद रहे थे।
The labourers were digging the pits.
द लेबरर्स वर डिगिंग द पिट्स.

Exercise
अभ्यास

1. क्या हम नदी में नहीं तैर रहे थे?
.... we not .... in the river?

2. वह ईश्वर की सौगन्ध खा रहा था!
He .... by God.

3. क्या सितारे टिमटिमा रहे थे?
.... the stars .... ?

4. क्या वह मुझसे हाथ मिला रही थी? .... she .... hands with me?
5. चपरासी घंटी नहीं बजा रहा। The peon .... not .... the bell.
6. दूल्हा एक घोड़ी पर सवार हो रहा था। The bridegroom .... a mare.
7. सैनिक घास पर नहीं लेटे थे। The soldiers .... not .... on the grass.
8. क्या बन्दर टहनियों पर लटक रहे थे? .... the monkeys .... on the branches?
9. क्या वह वृद्ध हो रहा था? .... he .... old?
10. क्या वह जौ पीस रही थी? .... she .... barley?
11. क्या वह तुम्हें अच्छी नसीहत दे रहा था? .... he .... you good advice?
12. क्या मोहन पतंग नहीं उड़ा रहा था? .... Mohan not .... a kite?
13. क्या वह कुएं से पानी निकाल रही थी? .... she .... water from the well?
14. मजदूर गड्ढे खोद रहे थे। The labourers .... the pits.
15. वह उल्टी कर रही थी। She ....
16. रेनू प्रत्येक वर्ष पुरस्कार जीत रही थी। Renu .... a prize every year.
17. पानी नीचे की ओर बह रहा था। Water .... down wards.
18. उसके घावों से खून बह रहा था। His wounds ....
19. विधवा सफेद कपड़े पहन रही थी। The widow .... white cloths.
20. तुम अपने कपड़े क्यों फाड़ रहे थे? Why .... you .... your cloths.

Model Answers

1. were, swimming 2. was swedring 3. were, twinkling 4. was, shaking 5. was, ringing 6. was riding 7. were, lying 8. were, hanging 9. was, growing/getting 10. was, grinding 11. was, giving 12. was, flying 13. was, drawing 14. were digging 15. was vomiting 16. was winning 17. was flowing 18. were bleeding. 19. were, wearing 20. were, tearing.

Past Prefect Tense
पास्ट परफैक्ट टेन्स/पूर्ण भूतकाल

Past Perfect Tense (पास्ट परफैक्ट टेन्स) पूर्ण भूतकालः वाले वाक्य में ऐसी क्रिया व्यक्त की गई होती है, जो कुछ समय पहले भूतकाल में पूर्ण हुई हो।

पहचान : इस काल के हिन्दी वाक्यों में चुका था, चुकी थी, चुके थे, चुकी थीं, लिया था, लिए थे, ली थी/थीं आदि आते हैं ।

नियम :

1. इस Tense (काल) में verb (क्रिया) की third form (तृतीय रूप) का प्रयोग किया जाता है ।
2. सभी Nouns (संज्ञाओं), Pronouns (सर्वनामों) के साथ 'had' लगाया जाता है ।
3. Negative (नकारात्मक) वाक्यों को had not और verb (क्रिया) की Third form (तृतीय रूप) का प्रयोग होता है ।
4. Interrogative (प्रश्नवाचक) वाक्यों को Had से प्रारम्भ किया जाता है । इन वाक्यों के अंत में प्रश्नवाचक चिन्ह (?) अवश्य लगाया जाता है ।
5. Interrogative-Negative (प्रश्नवाचक-नकारात्मक) वाक्यों को had से प्रारम्भ किया जाता है । कर्ता और verb (क्रिया) की Third form (तृतीय रूप) और 'not' लगाया जाता है । वाक्य के अंत में प्रश्नवाचक चिन्ह (?) लगाते हैं ।

1. एक पागल कुत्ते ने मदन को काट लिया था ।
   A mad dog had bitten Madan.
   ए मैड डॉग हैड बिटन मदन.

2. वह भोजन पका चुकी थी ।
   She had cooked the food.
   शी हैड कुक्ड द फूड.

3. वह चावल उबाल चुकी थी ।
   She had boiled the rice.
   शी हैड बॉयल्ड द राइस.

4. मैंने चोर को पकड़ लिया था ।
   I had caught the thief.
   आई हैड कॉट द थीफ.

5. तुम अपना कार्यक्रम बदल चुके थे ।
   You had changed your program.
   यू हैड चेन्जड् योअर प्रोग्राम.

6. माता जी भोजन परोस चुकी थीं ।
   The mother had served the food.
   द मदर हैड सर्व्ड द फूड.

7. आपने कार नहीं चलाई थी ।
   You had not driven the car.
   यू हैड नॉट ड्राइवन द कार.

8. क्या मोहन ने अपनी माँ को नदी में डुबो दिया था ।
   Had Mohan drowned his mother into the river?
   हैड मोहन ड्राउन्ड हिज मदर इनटू द रिवर?

9. वह मुझे पहले मिली थी।
She had met me before.
शी हैड मेट मी बिफोर।

10. क्या उसने विश्राम नहीं किया था?
Had she not taken rest?
हैड शी नॉट टेकन रेस्ट?

11. क्या उसने शोरगुल नहीं किया था?
Had not she raised a hue and cry?
हैड नॉट शी रेज्ड ए हयू एंड क्राई?

12. मुर्गा बोलने से पहले मैं जाग गया था।
I had get up before the cock crew.
आई हैड गेट अप बिफोर द कॉक क्रु.

13. तुम्हारे आने से पहले वे चाय पी चुके थे।
They had taken tea before you come.
दे हैड टेकन टी बिफोर यू कम.

14. क्या उसने तुम्हें गाली दी थी?
Had she abused you?
हैड शी एब्यूज्ड यू?

15. क्या गाड़ी छूटने से पहले रेखा स्टेशन पहुँच चुकी थी?
Had Rekha reached the station before the train steamed off?
हैड रेखा रीच्ड द स्टेशन बिफोर द ट्रेन स्टीम्ड आफ?

16. क्या तुमने अपने कपड़े नहीं धोए थे?
Had you not washed your cloths?
हैड यू नॉट वाशड योअर क्लाथ्स?

17. क्या पुलिस ने उसे अभी तक गिरफ्तार नहीं किया था?
Had the police not arrested him till then?
हैड द पोलिस नॉट अरेस्टिड हिम टिल दैन?

18. आधा घंटा पहले सूर्य उदय हो चुका था।
The Sun had risen half an hour ago.
द सन हैड राइजन हाफ एन आवर एगो.

19. उसने पहले ही नौकरी के लिए प्रार्थना पत्र दे दिया था।
She had already applied for the job.
शी हैड आल्रेडी एप्लाइड फॉर द जॉब.

20. क्या तुमने पहले कभी ताजमहल देखा था?
Had you seen the Taj Mahal ever before?
हैड यू सीन द ताजमहल एवर बिफोर?

Exercise
अभ्यास

1. हमने एक टोकरी अमरूद खरीदे थे।	We .... a basket of guavas.
2. क्या तुमने पहले कभी ताजमहल देखा था?	.... you .... The Taj Mahal ever before?
3. हमने उसे करारी हार दी थी।	We .... him a crushing defeat.
4. उसने अपनी जायदाद नहीं बेची थी।	He .... not .... his property.
5. जादूगर के चारों ओर भीड़ एकत्र हो गई थी।	The crowd .... around the juggler.
6. क्या उसने तब तक चाय नहीं पी थी?	.... she not .... tea by (till) then.
7. क्या वह सूर्य अस्त होने से पहले घर नहीं लौट आई थी?	.... she not .... home before the sun set?
8. क्या तुमने अपना गृह कार्य समाप्त कर लिया था?	.... you .... your home work?
9. उसने अपने प्रेमी को कोई वचन नहीं दिया था।	She .... anything to her lover.
10. गांव वालों ने पहले कभी उसकी इतनी पिटाई नहीं की थी।	The villagers .... never .... him so much before.
11. उसने पहले ही नौकरी के लिए प्रार्थना पत्र दे दिया था।	She .... already .... for the job.
12. आधा घंटा पहले सूर्य उदय हो चुका था।	The Sun .... half an hour ago.
13. क्या उन्हें तुम्हारा टेलीग्राम नहीं मिला था?	.... they not .... your telegram?
14. मेरे विद्यालय पहुँचने से पूर्व घंटी बज गई थी।	The bell .... before I reached School.
15. क्या वह अभी हाल में बीमारी से ठीक हुआ था?	.... he .... from his illness recently?

Model Answers

1. had bought 2. Had, seen 3. had given 4. had, sold 5. Had assembled 6. Had, taken 7. Had, returned 8. Had, finished 9. had not promised 10. had, beaten 11. had, applied 12. had risen 13. Had received 14. had ring 15. Had, recovered.

Past Prefect Continuous Tense
पास्ट परफैक्ट कन्टिन्यूअस टेन्स/पूर्ण-अपूर्ण भूतकाल

Past Perfect Continuous Tense (पास्ट परफैक्ट कन्टिन्यूअस टेन्स) पूर्ण-अपूर्ण भूतकाल वाले वाक्यों में ऐसी क्रिया व्यक्त की गई होती है, जो कुछ समय से होती आ रही थी, तथा प्रतिदिन अंशतः पूर्ण होकर भी अभी तक जारी हो।

पहचान : इस काल के हिन्दी वाक्यों में ता रहा था, ती रही थी, ते रहे थे, तीं रही थीं आते हैं। साथ में काम के आरम्भ होने का समय भी दिया गया होता है।

नियम :

1. इस tense (काल) में verb (क्रिया) की first form (प्रथम रूप) के साथ 'ing' जोड़ा जाता है।

2. सभी Nouns संज्ञाओं Plural Nouns/Pronouns बहुवचन संज्ञाओं/सर्वनामों के साथ 'had been' लगाया जाता है।

3. Negative (नकारात्मक) वाक्यों में 'had not been' का प्रयोग होता है।

4. Interrogative (प्रश्नवाचक) वाक्यों को Had से प्रारम्भ किया जाता है। इन वाक्यों के अंत में प्रश्नवाचक चिन्ह (?) अवश्य लगाया जाता है।

5. Interrogative-Negative (प्रश्नवाचक-नकारात्मक) वाक्यों को 'Had' से प्रारम्भ किया जाता है। कर्ता और 'been' के बीच 'not' लगाते हैं।

6. निश्चित समय अवधि के साथ since और अनिश्चित समय अवधि के साथ 'for' लगाया जाता है।

1. वह 5 बजे से सो रही थी। — She had been sleeping since 5 o'clock.
शी हैड बीन स्लीपिंग सिन्स फाइव ओ क्लाक

2. आप चार दिनों से स्कूल नहीं जा रहे थे — you had not been going to school for four days.
यू हैड नॉट बीन गोइंग टू स्कूल फॉर फोर डेज.

3. क्या वह आधा घंटे से स्नान कर रही थी?

Had she been taking a bath for half an hour?

हैड शी बीन टेकिंग ए बाथ फॉर हॉफ एन आवर?

4. वह दस वर्षों से मेरी सहायता कर रहा था।

He had been helping me for ten years.

ही हैड बीन हैल्पिंग मी फॉर टेन इयर्स.

5. मैं चार बजे से तैर रहा था।

I had been swimming since 4 o'clock.

आई हैड बीन स्वीमिंग सिन्स फोर ओ क्लॉक.

6. वे कई वर्षों से मुझे पत्र लिख रहे थे।

They had been writing letters to me for many years.

दे हैड बीन राइटिंग लैटर्स टू मी फॉर मैनी ईयर्स.

7. तुम सुबह से अपना समय नष्ट कर रहे थे।

You had been wasting your time since morning.

यू हैड बीन वेस्टिंग योअर टाइम सिन्स मॉर्निंग.

8. हम 10 वर्षों से व्यायाम कर रहे थे।

We had been taking exercise for 10 years.

वी हैड बीन टेकिंग एक्सरसाइज फॉर टेन ईयर्स.

9. क्या जेबकतरा बीस वर्षों से जेब काट रहा था।

Had the pick-poketer been picking pockets for twenty years.

हैड द पिक-पाकेटर बीन पिकिंग पाकेट्स फॉर ट्वेन्टी ईयर्स?

10. क्या दुकानदार मुझे कई वर्षों से ठग रहा था।

Had the shopkeeper been cheating me for many years?

हैड द शॉपकीपर बीन चीटिंग मी फॉर मैनी ईयर्स?

11. मैं 1995 से पंजाबी बाग में रह रहा था।

I had been living in Punjabi Bagh since 1995.

आई हैड बीन लिविंग इन पंजाबी बाग सिन्स नाइटीन नाइन्टी फाइव.

12. क्या वह बचपन से भीख नहीं मांग रहा था।

Had he not been begging since childhood?

हैड ही नॉट बीन बैग्गि सिन्स चाइल्डहुड?

13. क्या मैं उसे एक वर्ष से चेतावनी नहीं दे रहा था।

Had I not been warning him for one year?

हैड आई नॉट बीन वार्निंग हिम फॉर वन ईयर?

14. वह 1990 से हमारे घर आता रहता था।

He has been visiting our house since 1990.

ही हैज बीन विजिटिंग अवर हाउस सिन्स नाइन्टीन नाइन्टी.

15. सुरेश चंद्र तीस वर्षों से अंग्रेजी पढ़ा रहे थे।

Suresh Chandra had been teaching english for thirty years.

सुरेश चंद्रा हैड बीन टीचिंग इंग्लिश फॉर थर्टी ईयर्स.

16. वह कई वर्षों से अपना भविष्य बिगाड़ रहा था।

He had been spoiling his future for many years.

ही हैड बीन स्पॉयलिंग हिज फयूचर फॉर मैनी इयर्स.

| **Exercise** |
| **अभ्यास** |

---

1. राखी 1998 से कविता सुना रही थी।

Rakhi .... poems .... 1998.

2. मैं प्रातः से आपके प्रस्ताव का समर्थन कर रहा था।

I .... your proposal ...., morning.

3. क्या माधुरी बचपन से नहीं नाच रही थी?

.... Madhuri not .... childhood?

4. क्या कमला 1999 से पुस्तकें लिख रही थी?   .... Kamla .... books .... 1999?

5. मैं परसों से उससे नहीं बोल रहा था।   I .... not .... to her .... before yesterday.

6. वह तीन वर्षों से इस फैक्ट्री में काम कर रही थी।   She .... in this factory .... three years.

7. वह 1997 से हमारे घर आता रहता था?   He .... our house .... 1997.

8. वह पिछले 6 महीनों से किराया नहीं दे रहा था?   He .... not .... rent .... the last six months.

9. वह कई वर्षों से अपना भविष्य बिगाड़ रहा था?   He .... his future .... many years.

10. क्या वह प्रातः से अपना समय नष्ट कर रही थी?   .... she .... her time since morning.

11. चपरासी बीस मिनट से फर्नीचर को झाड़ रहा था?   The peon .... the furniture for twenty minutes.

12. नमिता 10 वर्षों से अंग्रजी पढ़ा रही थी।   Nameeta .... English .... ten years.

13. वह 5 बजे से मेरे कपड़ों पर प्रेस कर रही थी।   She .... my clothes .... 5 o'clock.

14. क्या वह दो घंटों से खेल रहा था?   .... he .... two hours.

15. हम 10 मिनटों से चाय बना रहे थे।   We .... tea .... ten minutes.

Model Answers

1. had been reciting, since **2.** had been supporting, since **3.** Had, been dancing since **4.** Had, been writing, since **5.** had, been speaking, since **6.** had been working, for **7.** had been visiting, since **8.** had, been paying, for **9.** had been spoiling, for **10.** Had, been wasting **11.** had been dusting **12.** had been teaching, for **13.** had been ironing, since **14.** Had, been playing for **15.** had been working, for.

Future Indefinite Tense
फ्यूचर इन्डेफिनिट टेन्स/अनिश्चित भविष्यत् काल

Future Indefinite Tense फ्यूचर इन्डेफिनिट टेन्स/अनिश्चित भविष्यत् कालः वाले वाक्य में भविष्यत काल में समाप्त होने वाली क्रिया का समय निश्चित रूप से ज्ञात नहीं होता है।

पहचान : इस काल के हिन्दी भाषा के वाक्यों के अंत में 'गा गी, गे आता है।

नियम :

1. इस Tense (काल) में verb (क्रिया) की first form (प्रथम रूप) का प्रयोग किया जाता है।

2. First person के Pronouns (सर्वनामों) I, we के साथ shall तथा second person (you) और Third person के pronouns (सर्वनामों) he, she, it, they या Nouns संज्ञाओं Ram, Delhi, Anil आदि के साथ 'will' का प्रयोग होता है।

3. Negative (नकारात्मक) वाक्यों में shall not या will not के बाद verb (क्रिया) की first form (प्रथम रूप) का प्रयोग होता है।

4. Interrogative (प्रश्नवाचक) वाक्यों को shall/will से प्रारम्भ किया जाता है तथा वाक्य के बीच में verb (क्रिया) की first form (प्रथम रूप) का प्रयोग किया जाता है। वाक्य के अंत में प्रश्नवाचक चिन्ह (?) अवश्य लगाया जाता है।

5. Interrogative-Negative (इंटेरोगेटिव-निगेटिव/प्रश्नवाचक-नकारात्मक) वाक्यों को shall/will से आरम्भ किया जाता है। कर्ता और क्रिया की first form (प्रथम रूप) के बीच not (नॉट) लगाया जाता है और वाक्य के अंत में प्रश्नवाचक चिन्ह (?) अवश्य लगाया जाता है।

1. वह कल मेरे घर नहीं आएगा।
He will not visit my house tomorrow.
ही विल नॉट विजिट माई हाउस टुमारो।

2. वह इस विषय में सोचेगी।
She will think about it.
शी विल थिंक अबाउट इट।

3. हम कार चलाएंगे।
We shall drive a car.
वी शैल ड्राइव ए कार।

4. क्या आप मेरा नाम भूल जाएंगे?
Will you forget my name?
विल यू फोरगेट माई नेम।

5. क्या कल वर्षा नहीं होगी?
Will it not rain tomorrow?
विल इट नॉट रेन टुमॉरो?

6. वह अभी-अभी चाय बनाएगी।
She will make tea just now.
शी विल मेक टी जस्ट नाउ.

7. मैं अंग्रेजी में आपकी सहायता करूंगा।
I shall help you in English.
आई शैल हैल्प यू इन इंग्लिश.

8. मैं अपनी घड़ी को चाबी दूंगा।
I shall wind my watch.
आई शैल वाइन्ड माई वॉच.

9. क्या वह एक हजार रुपए खर्च कर देगी?
Will she spend one thousand rupees.
विल शी स्पेन्ड वन थाउसेन्ड रुपिज.

10. मैं आपको पत्र लिखूंगा।
I shall write a letter to you.
आई शैल राइट ए लैटर टू यू.

11. क्या तुम मेरे साथ नहीं चलोगे?
Will you not accompany me?
विल यू नॉट एकंपनी मी?

12. क्या वह चाय बनाएगी?
Will she make tea?
विल शी मेक टी?

13. आपको यह अभी करना पड़ेगा।
You shall do it, just now.
यू शैल डू इट, जस्ट नाउ.

14. क्या वे यहां नहीं आएंगे?
Will they not come here?
विल दे नॉट कम हेयर?

15. मैं तुम्हारे मामले पर विचार करूंगा।
I shall consider your case.
आई शैल कंसीडर योअर केस.

16. वह करेगा या मरेगा।
He shall do or die.
ही शैल डू और डाई.

17. जैसा करोगे, वैसा भरोगे।
As you sow, so shall you reap.
एज यू सो, सो शैल यू रीप.

18. कब स्कूल में अवकाश रहेगा।
The school shall remain closed tomorow.
द स्कूल शैल रिमेन क्लोज्ड टुमोरो.

19. क्या आप एक कार खरीदेंगे?

Will you buy a car?
विल यू बाई ए कार?

20. मैं अगले सप्ताह जयपुर जाऊंगा।

I shall go to Jaipur next week.
आई शैल गो टू जयपुर नेक्स्ट वीक.

| Exercise |
| अभ्यास |

निम्नलिखित अंग्रेजी वाक्यों में रिक्त स्थानों की पूर्ति करो। बाद में अपने उत्तरों को नीचे दिए गए Model Answers से मिलाओ।

1. हम अपना पाठ दोहराएंगे।

We .... our lesson.

2. तुम खेलते हुए बालकों को देखोगे।

You .... the boys at play.

3. हम तुम्हारी सहायता नहीं करेंगे।

We .... not .... you.

4. क्या वह नाटक में भाग नहीं लेगी?

.... she not .... part in the drama?

5. वह कभी भी अपना वचन नहीं निभाएगी।

She .... never fulfil her promise.

6. क्या हमें पांच हजार रुपयों की आवश्यकता पड़ेगी?

.... we .... five thousand rupees?

7. क्या वह अपनी नौकरी से त्याग पत्र देगी?

.... she .... from her job?

8. उसके आने तक मैं यह स्थान नहीं छोड़ूंगा।

I .... not .... this place until she comes.

9. मैं न तो उससे मिलूंगा और न ही उसका अभिनन्दन करूंगा।

I .... neither meet her nor .... I greet her.

10. यह कमीज अधिक दिनों तक नहीं चलेगी।

This shirt .... long.

11. कविता एक मधुर गीत गाएगी।

Kavita .... a sweet song.

12. हम शांत रहेंगे।

We .... quiet.

13. तुम कल क्या करोगे?

What .... you .... tomorrow?

14. मैं कौन सी पुस्तक खरीदूंगा?

Which book .... I .... ?

15. तुम अपना पाठ कब दोहराओगे?

When .... you .... your lesson?

Model Answers

1. shall revise **2.** will see **3.** shall, help **4.** will, take **5.** shall/will **6.** shall, need **7.** will, regin **8.** shall, leave **9.** shall, shall **10.** will not last **11.** will sing **12.** shall remain **13.** will, do **14.** shall, purchase **15.** will, revise.

Future Continuous Tense
फ्यूचर कन्टिन्यूअस टेन्स/अपूर्ण भविष्यत् काल

Future Continuous Tense (फ्यूचर कन्टिन्यूअस टेन्स) अपूर्ण भविष्यत् काल के वाक्यों में ऐसी क्रिया व्यक्त की गई होती है, जो आने वाले समय में जारी रहेगी।

पहचान : इस काल के हिन्दी वाक्यों के अंत में रहा होगा, रही होगी, रहा हूंगा, रहे होंगे, आते हैं।

नियम :

1. इस Tense (काल) में verb (क्रिया) की first form (प्रथम रूप) के साथ ing जोड़ा जाता है।

2. First person के pronouns (सर्वनामों) I, we के साथ shall be तथा second person (you) और Third person के pronouns (सर्वनामों) he, she, it, they या Nouns (संज्ञाओं) Ram, Radha, cow, hen आदि के साथ will be का प्रयोग होता है।

3. Negative (नकारात्मक) वाक्यों में shall not be, will not be के बाद verb (क्रिया) की first form (प्रथम रूप) में 'ing' का प्रयोग होता है।

4. Interrogative (प्रश्नवाचक) वाक्यों को shall/will से प्रारम्भ किया जाता है और वाक्य के बीच में 'be', verb (क्रिया) की first form (प्रथम रूप) तथा 'ing' का प्रयोग किया जाता है। वाक्यों के अंत में प्रश्नवाचक चिन्ह (?) अवश्य लगाया जाता है।

5. Interrogative-Negative (प्रश्नवाचक-नकारात्मक) वाक्यों को shall/will से प्रारम्भ किया जाता है। वाक्य के बीच में not be के साथ verb (क्रिया) की first form (प्रथम रूप) में 'ing' का प्रयोग करते हैं। वाक्य के अंत में प्रश्नवाचक चिन्ह (?) लगाते हैं।

1. क्या सरला तुम्हारी सहायता कर रही होगी?   Will Sarla be helping you?
   विल सरला बी हैल्पिंग यू?

2. क्या वे हंस रहे होंगे?   Will they be laughing?
   विल दे बी लाफिंग?

3. तुम चाय पी रहे होगे।
You will be taking tea.
यू विल बी टेकिंग टी.

4. मैं नदी में तैर रहा हूँगा।
I shall be swimming in the river.
आई शैल बी स्वीमिंग इन द रिवर.

5. वह भूखा मर रहा होगा।
He will be dying of hunger.
ही विल बी डाइंग ऑफ हंगर.

6. वे गीत नहीं गा रहे होंगे।
They will not be singing the songs.
दे विल नॉट बी सिंगिंग द साँग्स.

7. मैं संतरे खरीद रहा होऊंगा।
I shall be buying oranges.
आई शैल बी बाइंग ऑरेन्जिज.

8. हम कार चला रहे होंगे।
We shall be driving the car.
वी शैल बी ड्राइविंग द कार.

9. वह आटा नहीं गूंद रही होगी।
She will not be kneading the flour.
शी विल नॉट बी नीडिंग द फ्लॉर.

10. मैं उसे चाय पर नहीं बुला रहा होऊंगा।
I shall not be inviting him to tea.
आई शैल नॉट बी इन्वाइटिंग हिम टू टी.

11. क्या वह चीख नहीं रही होगी?
Will she not be crying?
विल शी नॉट बी क्राइंग?

12. क्या मैं दिन भर तुम्हारी प्रतीक्षा करता रहूँगा?
Shall I be waiting for you all day long?
शैल आई बी वेटिंग फॉर यू आल डे अलांग?

13. वह यहां सोमवार को आ रही होगी।
She will be arriving here on Monday.
शी विल बी एराइविंग हेयर ऑन मंडे.

14. नल नहीं चल रहा होगा।
The tap will not be running.
द टैप विल नॉट बी रनिंग.

15. वह मेरे घर नहीं आ रही होगी।
She will not be coming to my house.
शी विल नॉट बी कमिंग टू माई हाऊस.

| **Exercise** |
| अभ्यास |

निम्नलिखित अंग्रेजी वाक्यों में रिक्त स्थानों की पूर्ति करो। बाद में अपने उत्तरों को नीचे दिए गए Model Answers से मिलाओ।

1. क्या मंजू, राकेश के साथ विवाह कर रही होगी? .... Manju .... Rakesh?

2. क्या वह तुमसे नहीं बोल रही होगी? .... she .... to you?

3. क्या कल एकता पुरस्कार प्राप्त कर रही होगी? .... Ekta .... a prize tomorrow?

4. तुम्हारे पिताजी प्रतिमाह तुम्हारे लिए मनीआर्डर भेज रहे होंगे। Your father..........you the money order every month.

5. नल नहीं चल रहा होगा। The tap ....

6. वह तुम्हारा समर्थन नहीं कर रहा होगा। He .... you.

7. वह मेरे घर नहीं आ रही होगी। She .... to my house.

8. वह मुझे चाय पेश कर रही होगी। She .... me tea.

9. क्या हमारी टीम कल मैच नहीं खेल रही होगी? .... our team not .... a match tomorrow?

10. क्या रात होने से पहले हम अपनी मंजिल पर पहुँच रहे होंगे? .... we .... our destination before night falls?

11. वह यहां सोमवार को आ रही होगी। She .... here on Monday.

12. कल इस समय हम नदी में तैर रहे होंगे। We .... in the river by this time tomorrow.

13. क्या गीता अपने कपड़े नहीं धो रही होगी? .... Geeta .... her clothes?

14. मैं इस चित्र को दोबारा नहीं देख रहा होऊंगा। I .... not .... this picture again.

15. तुम मुम्बई में कहाँ ठहरे होओगे? Where .... you .... in Mumbai?

| Model Answers |

1. will, be marrying 2. will, not be speaking 3. will, be receiving 4. will be sending 5. will not be running 6. will not be supporting 7. will not be coming 8. will be offering 9. will, be playing 10. shall, be reaching 11. will be arriving 12. shall be swimming 13. will, not be washing 14. shall, be seeing 15. will, be staying.

Future Prefect Tense
फ्यूचर परफैक्ट टेन्स/पूर्ण भविष्यत् काल

Future Perfect Tense (फ्यूचर परफैक्ट टेन्स) पूर्ण भविष्यत् काल के वाक्य में कोई ऐसी क्रिया व्यक्त की गई होती है, जिसकी आने वाले समय में पूर्ण (समाप्त) होने की संभावना हो।

पहचान : इस काल के हिन्दी वाक्यों में चुका है, चुका होगा, चुकी होगी, चुके होंगे, लिया होगा, लिया होऊंगा, लिए होंगे आदि आते हैं।

नियम :

1. इस Tense (काल) में verb (क्रिया) की thid form (तृतीय रूप) का प्रयोग किया जाता है।

2. First person के साथ pronouns (सर्वनामों) I, we के साथ shall have तथा second person (you) और Third person के pronouns (सर्वनामों) he, she, it, they या Nouns (संज्ञाओं) Sohan, Goat आदि के साथ will have का प्रयोग होता है।

3. Negative (नकारात्मक) वाक्यों को shall not have/ will not have के बाद verb (क्रिया) की Third form (तृतीय रूप) लगाई जाती है।

4. Interrogative (प्रश्नवाचक) वाक्यों को shall/will से प्रारम्भ किया जाता है। इन वाक्यों के अंत में प्रश्नवाचक चिन्ह (?) अवश्य लगाया जाता है।

6. Interrogative-Negative (प्रश्नवाचक-नकारात्मक) वाक्यों को shall/will से प्रारम्भ किया जाता है। कर्ता और verb (क्रिया) की Third form (तृतीय रूप) के बीच में not have तथा वाक्य के अंत में प्रश्नवाचक (?) चिन्ह लगाते हैं।

1. क्या आप नदी पार नहीं कर चुके होंगें? Will you not have crossed the river?

विल यू नॉट हैव क्रॉसड द रिवर?

2. राधा ने पुस्तक लिख ली होगी।
Radha will have written the book.
राधा विल हैव रिटन द बुक.

3. सरला इनाम जीत चुकी होगी।
Sarla will have won the prize.
सरला विल हैव वॉन द प्राइज.

4. मैं रतन को पीट चुका हूंगा।
I shall have beaten Ratan.
आई शैल हैव बीटन रतन.

5. हम स्नान कर चुके होंगे।
We shall have taken a bath.
वी शैल हैव टेकन ए बाथ.

6. रमा अपना गृहकार्य कर चुकी होगी।
Rama will have done her home work.
रमा विल हैव डन हर होम वर्क.

7. क्या अनिल परीक्षा पास कर चुका होगा?
Will Anil have passed the test.
विल अनिल हैव पास्ड द टैस्ट?

8. आप अपना पाठ नहीं दोहरा चुके होंगे।
You will not have revised your lesson.
यू विल नॉट हैव रिवाइज्ड योअर लेसन.

9. हम सूर्योदय से पूर्व गंगा में स्नान कर कर चुके होंगे।
We shall have taken a bath in the Ganges before Sunrise.
वी शैल हैव टेकन ए बाथ इन द गंगेज बिफोर सनराइज.

10. क्या तब तक वर्षा समाप्त हो चुकी होगी?
Will it have stopped raining by then?
विल इट हैव स्टाप्ड रेनिंग बाई दैन?

11. हमारी योजना सफल हो गई होगी।
Our plan will have succeeded.
अवर प्लान विल हैव सक्सीडिड.

12. तुमने डाक में पत्र नहीं डाल दिया होगा।
You will not have posted the letter.
यू विल नॉट हैव पोस्टिड द लैटर.

13. समय की समाप्ति से पूर्व हम प्रश्न-पत्र को हल कर चुके होंगे।
We shall have solved the question paper before the time is over.
वी शैल हैव सोल्वड द क्वेश्चन पेपर बिफोर द टाइम इज ओवर.

14. हम जनवरी के अंत तक अपना कोर्स समाप्त कर चुके होंगे।

We shall have finished our course by the end of January.

वी शैल हैव फिनिश्ड अवर कोर्स बाई द एंड ऑफ जनवरी

15. क्या तब तक वर्षा समाप्त नहीं हो चुकी होगी?

Will it not have stopped raining by then?

विल इट नॉट हैव स्टाप्ड रेनिंग बाई दैन?

Exercise
अभ्यास

निम्नलिखित अंग्रेजी वाक्यों में रिक्त स्थानों की पूर्ति करो। बाद में अपने उत्तरों को नीचे दिए गए Model Answers से मिलाओ।

1. बारह बजे तक डॉक्टर बहुत से रोगियों को देख चुके होंगे।

The doctors .... many patients before 12 o'clock.

2. तुम दोपहर तक कितने प्रश्न हल कर चुके होंगे।

How many sums .... you .... by noon?

3. दस बजे से पहले परीक्षा प्रारम्भ नहीं हो चुकी होगी।

The Examination .... before 10 o'clock.

4. चार बजे से पहले हम हॉकी का मैच जीत चुके होंगे।

We .... the hockey match by 4 o'clock.

5. घंटी बजने से पूर्व मैं सभी प्रश्न हल कर चुका होऊंगा।

I .... all the sums before the bell goes.

6. परमात्मा ही जानता है, उसने आत्महत्या क्यों की होगी?

God alone knows why he .... suicide.

7. पुलिस के द्वारा दरवाजा खटखटाने से पहले सूरज घर से फरार हो गया होगा।

Suraj .... from his house before the police knocks at his door.

8. क्या वह भोजन पकाने के बाद सो गई होगी?

.... She .... after having cooked the food?

9. क्या अंधेरा होने से पहले रजनी घर पहुँच चुकी होगी?

.... Rajini .... home before it is dark?

10. दादी सूर्योदय से पूर्व पूजा कर चुकी होगी।
The grandmother .... her prayers before sunrise.

11. ग्राहकों के आने से पहले धोबी कपड़ों को प्रेस कर चुका होगा।
The washerman .... the clothes before the customers come.

12. गार्ड द्वारा सीटी बजाने से पहले रेलगाड़ी प्लेटफार्म नहीं छोड़ चुकी होगी।
The train .... the platform before the guard whistle.

13. क्या वह सूर्योदय से पूर्व स्नान कर चुकी होगी।
.... she .... before the sun rises?

14. दिसम्बर तक वह अपना बैंक ऋण चुका होगा!
By December he .... of his bank loan.

15. वे आधी रात तक संगीत का आनन्द ले चुके होंगे।
They .... the music till midnight.

Model Answers

1. will have examined **2.** will, have solved **3.** will not have started **4.** shall have won **5.** shall have solved **6.** will have committed **7.** will have run away **8.** will, have gone to bed **9.** will, have reached **10.** will have said **11.** wil have ironed **12.** will not have left **13.** will, have bathed **14.** will have paid **15.** will have enjoyed.

Future Perfect Continuous Tense
फ्यूचर परफेक्ट कन्टिन्यूअस टेन्स/पूर्ण-अपूर्ण भविष्यत् काल

Future Perfect Continuous Tense (फ्यूचर परफेक्ट कन्टिन्यूअस टेन्स) पूर्ण-अपूर्ण भविष्यत् काल के वाक्यों में ऐसी क्रिया व्यक्त की गई होती है, जो पिछले कुछ समय से होती आ रही हो तथा प्रतिदिन अंशतः पूर्ण होकर भी, भविष्य में जारी रहे।

पहचान : इस काल के हिन्दी वाक्यों के अंत में रहा होगा, रही होगी, रहे होंगे, रही होंगी, आता है। साथ में कार्य के आरम्भ होने का समय भी दिया होता है।

नियम :

1. इस Tense (काल) में verb (क्रिया) की first form (प्रथम रूप) के साथ ing जोड़ा जाता है।

2. First person के साथ pronouns (सर्वनामों) I, we के साथ shall have been

तथा second person (you) और Third person के pronouns (सर्वनामों) he, she, it, they या Nouns (संज्ञाओं) Ram, Sonu, Meerut आदि के साथ will have been का प्रयोग किया जाता है।

3. Negative (नकारात्मक) वाक्यों में shall/will + not have been के बाद verb (क्रिया) की first form (प्रथम रूप) और 'ing' का प्रयोग होता है।

4. Interrogative (प्रश्नवाचक) वाक्यों को shall/will से प्रारम्भ किया जाता है। वाक्यों के अंत में प्रश्नवाचक चिन्ह (?) अवश्य लगाया जाता है।

5. Interrogative-Negative (प्रश्नवाचक-नकारात्मक) वाक्यों को shall/will से प्रारम्भ करते हैं तथा कर्त्ता और have been के बीच not लगाते हैं। वाक्य के अंत में प्रश्नवाचक चिन्ह (?) लगाते हैं।

6. निश्चित समय अवधि के साथ since और अनिश्चित समय अवधि के साथ for लगाते हैं।

1. हम तीन घंटों से सो रहे होंगे।

We shall have been sleeping for three hours.

वी शैल हैव बीन स्लीपिंग फॉर थ्री आवर्स.

2. तुम चार वर्षों से पढ़ रहे होगे।

You will have been reading for four years.

यू विल हैव बीन रीडिंग फॉर फोर ईयर्स.

3. मैं प्रातः से पत्र लिख रहा हूंगा।

I shall have been writing letters since morning.

आई शैल हैव बीन राइटिंग लैटर्स सिन्स मॉर्निंग.

4. वे 1990 से यहां रह रहे होंगे।

They will have been living here since 1990.

दे विल हैव बीन लिविंग हेयर सिन्स नाइन्टीन नाइन्टी.

5. क्या एक माह से पत्ते नहीं गिर रहे होंगे?

Will the leaves not have been falling for a month?

विल द लीव्स नॉट हैव बीन फालिंग फॉर ए मंथ?

6. बच्चे दस मिनटों से शोर मचा रहे होंगे। The children will have been making a noise for ten minutes.
द चिल्ड्रन विल हैव बीन मेकिंग ए नोइज फॉर टेन मिनिट्स.

7. क्या दो दिनों से वर्षा हो रही होगी? Will it have been raining for two days.
विल इट हैव बीन रेनिंग फॉर टू डेज?

8. क्या वह पांच वर्षों से यहां काम कर रही होगी? Will she have been working here for five years?
विल शी हैव बीन वर्किंग हेयर फॉर फाइव ईयर्स?

9. उसके माता-पिता प्रातः से झगड़ रहे होंगे। His parents will have been quarrelling since morning.
हिज पेरेन्ट्स विल हैव बीन क्वैरलिंग सिन्स मार्निंग.

10. क्या हम रविवार से इस कार्य को नहीं कर रहे होंगे? Shall we not have been doing this work since sunday?
शैल वी नॉट हैव बीन डूइंग दिस वर्क सिन्स सन्डे?

11. क्या वह दोपहर से भोजन पका रही होगी? Will she have been cooking food since noon?
विल शी हैव बीन कुकिंग फूड सिन्स नून?

12. क्या तुम तीन घंटों से कविताएं नहीं सुना रहे होंगे? Will you not have been reciting the poems for three hours.
विल यू नॉट हैव बीन रिसीटिंग द पोइम्स फॉर थ्री आवर्स?

13. वह एक सप्ताह से अपनी कक्षा में नहीं जा रही होगी? She will not have been attending her class for a week.
शी विल नॉट हैव बीन अटेन्डिंग हर क्लास फॉर ए वीक.

14. क्या हम जन्म से गांव में नहीं रह रहे होंगे?

Shall we not have been living in village since birth?

शैल वी नॉट हैव बीन लिविंग इन विलेज सिन्स बर्थ?

15. क्या गीता और सीता एक दूसरी से, कई मिनटों से बहस कर रही होगी?

Will Geeta and Seeta have been arguing with each other for many minutes?

विल गीता एंड सीता हैव बीन आर्गउइंग विद ईच अदर फॉर मैनी मिनट्स?

Exercise
अभ्यास

निम्नलिखित अंग्रेजी वाक्यों में रिक्त स्थानों की पूर्ति करो। बाद में अपने उत्तरों को नीचे दिए गए Model Answers से मिलाओ।

1. क्या हम कई महीनों से नया मकान प्राप्त करने की कोशिश कर रहे होंगे?

.... we .... to let a new house for many months.

2. क्या वे एक सप्ताह से गणित के प्रश्न हल नहीं कर रहे होंगे?

.... they not ....the sums for a week?

3. चम्पा अपने प्रेमी को 5 वर्षों से लूट रही होगी

Champa .... her paramour for five years.

4. कई महीनों से उसके घर की छतें टपक रही होंगी।

The roofs of his house .... for many months.

5. दोपहर से उसके घर पर अतिथि आ रहे होंगे?

The guests .... his house since mid-day.

6. सैनिक प्रातः से बड़ी वीरता से लड़ रहे होंगे?

The soliders .... bravely since morning.

7. वह कई वर्षों से अपने प्रेमी के पास प्रेम-पत्र भेज रही होगी।

She .... love letters to her lover for many years.

8. रामवती 1996 से पुस्तकें लिख रही होगी।

Ramwati .... books since 1996.

9. बिल्ली आधी रात से चूहों को पकड़ रही होगी।
The cat .... the rats since midnight.

10. मैं 1990 से प्रतिवर्ष शिमला जा रहा होऊंगा।
I .... Shimla every year since 1990.

11. 1991 से राजमिस्त्री हमारा मकान बना रहे होंगे।
The masons .... our house since 1991.

12. राकेश इंटरमीडिएट के बाद महाविद्यालय में पढ़ रहा होगा।
Rakesh .... in a college after intermediate.

13. अनिता 1990 से कमला से घुल-मिल रही होगी।
Anita .... with Kamla since 1990.

14. पांच बजे से वर्षा नहीं हो रही होगी।
It .... since 5 o'clock.

15. वह दस वर्षों से शराब पी रहा होगा।
He .... for ten years.

Model Answers

1. shall, have been trying 2. will, have been solving 3. will have been robbing 4. will have been leaking 5. will have been pouring in 6. will have been fighting 7. will have been sending 8. will have been writing 9. will have been catching 10. shall have been visiting 11. will have been constructing 12. will have been studying 13. will have been mixing 14. will not have been raining 15. will have been drinking.

17

Voice
वाइस/वाच्य

Verb (क्रिया) का वह रूप जो हमें यह बताता है कि sentence (वाक्य) में कही गई बात का विषय subject (कर्त्ता) है या object (कर्म), voice (वाच्य) कहलाता है। बोलचाल में Active voice (कर्तावाच्य) और Passive vioice (कर्मवाच्य) दोनों प्रकार के वाक्यों का उपयोग होता है।

Active voice (कर्तावाच्य) के वाक्यों में verb (क्रिया) द्वारा कही गई बात का विषय subject (कर्त्ता) होता है।

Passive voice (कर्मवाच्य) के वाक्यों में verb (क्रिया) द्वारा कही गई बात का विषय object (कर्म) होता है।

ध्यान रखिए कि Active voice (कर्तावाच्य) तथा Passive voice (कर्मवाच्य) किसी sentence (वाक्य) के हिन्दी से अंग्रेजी में अनुवाद करने के भिन्न-भिन्न तरीके हैं। इनसे sentence (वाक्य) के अर्थ में कोई परिवर्तन नहीं होता है।

> **Voice**
> **(वाच्य) बदलने के सामान्य नियम**

1. Object (कर्म) को स्थानान्तरित करके subject (कर्त्ता) के स्थान पर रखा जाता है और इनसे पूर्व by (बाई) लगाते हैं।

2. Verb (क्रिया) की Third form (तृतीय रूप) ही Helping verb (to be) (सहायक क्रिया) के उचित रूप के पश्चात् प्रयोग में लाई जाती है।

3. कर्त्ता का प्रयोग अनिवार्य होने पर ही किया जाता है।

4. यदि किसी verb के दो objects हों, तो उसका Passive voice (कर्मवाच्य) भी दो तरह से बन जाएगा।

5. Future continuous और तीनों प्रकार के Perfect continuous Tenses (पूर्ण-अपूर्ण कालों) का (चाहें वे Present, Past या Future हों) Passive voice नहीं बनेगा। इस तरह Passive voice (कर्म वाच्य) में आठ Tenses ही बनाए जाते हैं।

Present Tense
वर्तमान काल

नियम

1. Present Indefinite tense (अनिश्चित वर्तमान काल) में is (इज)/am (एम)/are (आर) का प्रयोग करते हैं।

2. Present Continuous Tense (अपूर्ण वर्तमान काल) में is (इज)/am (एम)/being (बीइंग) का प्रयोग करते हैं।

3. Present Prefect Tense (पूर्ण वर्तमान काल) में has been (हैज बीन)/have been (हैव बीन) का प्रयोग करते हैं।

Examples (उदाहरण)

Hindi Sentences हिन्दी वाक्य	**English Sentences** अंग्रेजी वाक्य
1. वह अंग्रेजी बोल रही है।	She is speaking English. (Active) शी इज स्पीकिंग इंग्लिश. English is being spoken by her. (Passive) इंग्लिश इज बीइंग स्पोकन बाई हर.
2. मैं एक पुस्तक खरीदता हूँ।	I buy a book. (Active) आई बाई ए बुक. A book is bought by me. (Passive) ए बुक इज बॉट बाई मी.
3. क्या तुम चाय पी चुके हो?	Have you taken tea? (Active) हैव यू टेकन टी? Has tea been taken by you. (Passive) हैज टी बीन टेकन बाई यू.

4. सोनू आम खरीद रहा है।

Sonu is buying mangoes. (Active)
सोनू इज बाइंग मैंगोज.
Mangoes are being bought by sonu. (Passive)
मैंगोज आर बीइंग बॉट बाई सोनू.

5. उन्होंने मेरी पुस्तकें लौटा दी हैं।

They have returned my books. (Active)
दे हैव रिटर्नड माई बुक्स.
My books have been returned by them. (Passive)
माई बुक्स हैव बीन रिटर्नड बाई दैम.

Past Tense
भूतकाल (नियम)

1. Past Indefinite tense (अनिश्चित भूतकाल) में was (वाज)/were (वर) लगाते हैं।
2. Past Continuous Tense (अपूर्ण भूतकाल) में was (वाज)/were (वर)/being (बीइंग) लगाते हैं।
3. Past Prefect Tense (पूर्ण भूतकाल) में had been (हैड बीन) लगाते हैं।

Examples (उदाहरण)

Hindi Sentences
हिन्दी वाक्य

English Sentences
अंग्रेजी वाक्य

1. तुमने मेरी पुस्तक चुराई।

You stole my book. (Active)
यू स्टोल माई बुक.
My book was stolen by you. (Passive)
माई बुक वाज स्टोलन बाई यू.

2. वह सेब नहीं खरीद रही थी।

She was not buying apples. (Active)
शी वाज नॉट बाइंग एप्पलस.
Apples were not being bought by her. (Passive)
एप्पल्स वर नॉट बीइंग बॉट बाई हर.

3. तुम्हारी स्लेट किसने तोड़ी थी? Who had broken your Slate? (Active)
हू हैड ब्रोकन योअर स्लेट?
By whom had your slate been broken? (Passive)
बाई हूम हैड योअर स्लेट बीन ब्रोकन?

4. क्या वह चाय बना चुकी थी? Had she made tea? (Active)
हैड शी मेड टी?
Had tea been made by him? (Passive)
हैड टी बीन मेड बाइ हिम?

5. उन्होंने फिल्म को पसन्द किया। They liked the film. (Active)
दे लाइक्ड द फिल्म.
The film was liked by them. (Passive)
द फिल्म वाज लाइक्ड बाई दैम.

Future Tense
भविष्यत् काल (नियम)

1. Future Indefinite tense (अनिश्चित भविष्यत् काल) में shall (शैल)/will (विल) और be (बी) का प्रयोग करते हैं।

2. Future Perfect Tense (पूर्ण भविष्यत् काल) में shall (शैल)/will (विल) और have (हैव) का प्रयोग करते हैं।

3. Imperative Sentences (आज्ञासूचक वाक्यों में) में let (लैट)/should be (शुड बी) लगाते हैं।

4. Can (कैन), Could (कुड), Will (विल), Would (वुड), Shall (शैल), Should (शुड), Must (मस्ट), May (मे), Might (माइट), Used to (यूज्ड टू), Ought to (ऑट टू) के बाद में be (बी) लगाते हैं।

Examples (उदाहरण)
Hindi Sentences
हिन्दी वाक्य

English Sentences
अंग्रेजी वाक्य

	Hindi	English
1.	दौड़ कौन दौड़ेगा?	Who will run the race? (Active) हू विल रन द रेस? By whom will the race by run? (Passive) बाई हूम विल द रेस बी रन?
2.	मैं निर्धनों की सहायता करूंगा।	I shall help the poor. (Active) आई शैल हैल्प द पूअर. The poor will be helped by me. (Passive) द पूअर विल बी हैल्ड बाई मी.
3.	मैं भोजन खा चुका होऊंगा।	I shall have eaten food. (Active) आई शैल हैव इटन फूड. Food will have been eaten by me. (Passive) फूड विल हैव बीन इटन बाई मी.
4.	दरवाजा खोलो।	Open the door. (Active) ओपन द डोर. Let the door be opened. (Passive) लैट द डोर बी ओपन्ड.
5.	वह नदी को पार नहीं कर सकी।	She could not cross the river. (Active) शी कुड नॉट क्रास द रिवर. The river could not be crossed by her. (Passive) द रिवर कुड नॉट बी क्रास्ड बाई हर.

18

Narration
नैरेशन

Speaker (वक्ता) की speech (वाणी) को व्यक्त करने के दो तरीके हैं, (1) Direct speech (प्रत्यक्ष वाणी) द्वारा Indirect speech (अप्रत्यक्ष वाणी) द्वारा।

वक्ता के शब्दों को परिवर्तित किए बिना ज्यों का त्यों बोलना Direct speech (प्रत्यक्ष वाणी) कहलाता है। वक्ता के शब्दों का सार अपने शब्दों में व्यक्त करना Indirect speech (अप्रत्यक्ष वाणी) कहलाता है।

ध्यान रखिए कि Direct speech (प्रत्यक्ष वाणी) और Indirect speech (अप्रत्यक्ष वाणी) किसी sentence (वाक्य) का हिन्दी से अंग्रेजी में अनुवाद करने के भिन्न-भिन्न तरीके हैं। इनका अर्थ समान होता है।

Direct Speech (डायरेक्ट स्पीच/प्रत्यक्ष वाणी)

Direct speech (प्रत्येक्ष वाणी) के दो भाग होते हैं।

(i) Reporting verb (रिपोर्टिंग वब): यह उल्टे commas (कोमाज) ("..........") से पहले वाला भाग होता है। कभी-कभी यह भाग उल्टे commas के बाद में भी आ जाता है।

(ii) Reporting speech (रिपोर्टिंग स्पीच): यह उल्टे commas (कोमाज) के अन्दर वाला भाग होता है।

<table><tr><td>Narration
नैरेशन में परिवर्तन करने के सामान्य नियम</td></tr></table>

Narration (नैरेशन) में परिवर्तन से तात्पर्य वाक्य के pronouns (सर्वनामों) Tenses (कालों) या कुछ words (शब्दों) में परिवर्तन से है।

(i) यदि reporting speech (रिपोर्टिंग स्पीच) Present (वर्तमान) या Future (भविष्य) Tense (काल) में हो तो reported speech का tense (काल) नहीं बदलता है।

116

Examples (उदाहरण)
Hindi Sentences
हिन्दी वाक्य

English Sentences
अंग्रेजी वाक्य

1. मैं कहता हूँ, ''मैं एक विद्यार्थी हूँ।''
   I say, ''I am a student.'' (Direct)
   आई से, ''आई एम ए स्टूडेन्ट.''
   I say that I am a student. (Indirect)
   आई से दैट आई एम ए स्टूडेन्ट.

2. वह कहेगी, ''मैं एक विद्यार्थी हूँ।''
   She will say, ''I am a student''. (Direct)
   शी विल से, ''आई एम ए स्टूडेन्ट.''
   She will say that she is a student. (Indirect)
   शी विल से दैट शी इज ए स्टूडेन्ट.

(i) यदि reporting verb (रिपोर्टिंग वर्ब) Past Tense (भूतकाल) में है तो reported speech (रिपोर्टिड स्पीच) उसी के अनुरूप Past Tense (भूतकाल) में बदल जाती है। said to (सेड टू), told (टोल्ड) में तथा will (विल), would (वुड) में बदल जाता है।

Examples (उदाहरण)
Hindi Sentences
हिन्दी वाक्य

English Sentences
अंग्रेजी वाक्य

1. रीता ने कहा, ''अब मैं पढ़ रही हूँ।''
   Reeta said, ''I am a reading now.'' (Direct)
   रीटा सेड, ''आई एम रीडिंग नाउ.''
   Reeta said that she was reading then. (Indirect)
   रीटा सेड दैट शी वाज रीडिंग दैन.

2. अमित ने मुझसे कहा, ''मैं कल जयपुर गया।''
   Amit said to me, ''I went to Jaipur yesterday.'' (Direct)
   अमित सेड टू मी, ''आई वेन्ट टू जयपुर यस्टरडे.''
   Amit told me that he had gone to Jaipur the previous day. (Indirect)

अमित टोल्ड मी दैट ही हैड गोन टू जयपुर द प्रिवीयस डे.

यदि Reported speech (रिपोर्टिड स्पीच) कोई सार्वभौमिक सत्य हो, तो इसका tense (काल) नहीं बदलता है।

1. अनिल ने नवीन से कहा, ''पृथ्वी गोल हैं।''

Anil said to Naveen, ''The Earth is round.'' (Direct)

अनिल सेड टू नवीन, ''द अर्थ इज राउण्ड.''

Anil told Naveen that the earth is round. (Indirect)

अनिल टोल्ड नवीन दैट द अर्थ इज राउण्ड.

2. सीता ने गीता से कहा, ''दो और चार होते हैं।''

Seeta said to Geeta, ''Two and (into) two make four. (Direct)

सीता सेड टू गीता, ''टू एंड (इनटू) टू मेक फोर.''

Seeta told Geeta that two and (into) two make four. (Indirect)

सीता टोल्ड गीता दैट टू एंड (इनटू) टू मेक फोर.

Interrogative sentences (प्रश्नसूचक वाक्यों) में said to (सेड टू) को asked (आस्क्ड) में तथा प्रश्नसूचक चिन्ह को पूर्ण विराम में बदल दिया जाता है। Reporting verb को If (इफ) whether (वैदर) द्वारा Reporting speech (रिपोर्टिंग स्पीच) से जोड़ दिया जाता है।

Examples (उदाहरण)

Hindi Sentences हिन्दी वाक्य	**English Sentences** अंग्रेजी वाक्य

1. उसने मुझसे कहा(पूछा), ''क्या तुम यहां रहते हो।''

He said to me, ''Do you live here. (Direct)

ही सेड टू मी, ''डू यू लिव हियर.''

He asked me if I lived there. (Indirect)

ही आस्क्ड मी इफ आई लिव्ड देयर

2. उसने मुझसे कहा, ''क्या तुम
यहां शोर कर रहे हो ?''

She said to me, ''Are you making a noise here?'' (Direct)

शी सेड टू मी, ''आर यू मेकिंग ए नोइज हियर ?''

She asked me If I was making a noise there. (Indirect)

शी आस्क्ड मी इफ आई वाज मेकिंग द नोइज देयर.

Reported speech (रिपोर्टिंड स्पीच) में दिए हुए First Person के Pronouns (सर्वनाम) (I, we) Subject (कर्त्ता) के अनुसार परिवर्तित होते हैं, Second Person (you) object (कर्म) के अनुसार परिवर्तित होता है। Third person के Pronouns (He, she, it, they) परिवर्तित नहीं होते हैं। निकटता दिखाने वाले शब्दों को दूरी दिखाने वाले शब्दों में बदल देते हैं। जैसे: This को that में, Here को there में, These को Those में, Now को Then में, Yesterday को The prevous day में, Today को that day में, Tonight को that night में।

यदि Reported speech (रिपोर्टिंड स्पीच) what (व्हाट), where (व्हेयर), when (व्हेन), why (व्हाई), how (हाउ), whose (हूज), whom (हूम), which (विच), who (हू) से प्रारम्भ हो, तो Indirect Narration (इन्डायरेक्ट नैरेशन) का connective (कनक्टिव) भी वही शब्द रहेगा।

Examples (उदाहरण)

| **Hindi Sentences** | **English Sentences** |
| हिन्दी वाक्य | अंग्रेजी वाक्य |

1. मैंने उससे कहा,
''तुम क्या कर रहे हो।''

I said to him, ''What are you doing?'' (Direct)

आई सेड टू हिम, ''व्हाट आर यू डूइंग?''

I asked him what he was doing. (Indirect)

आई आस्क्ड हिम व्हाट ही वाज डूइंग.

2. मैंने रेनू से पूछा,
''आप यहां कैसे आईं?''

I said to Renu, ''How did you come here?'' (Direct)

आई सेड टू रेनू, ''हाउ डिड यू कम हियर?''

I asked Renu how she had come there. (Indirect)

आई आस्क्ड रेनू हाउ शी हैड कम देयर.

Optative sentences (शुभकामनायुक्त वाक्यों) में said to (सेड टू) के स्थान पर wished (विश्ड) या Prayed (प्रेयड) लगाते हैं।

Examples (उदाहरण)

Hindi Sentences हिन्दी वाक्य	**English Sentences** अंग्रेजी वाक्य
1. आशा ने राधा से कहा, "प्रातः की नमस्ते, बहन।"	Asha said to Radha, "Good Morning, my sister?" (Direct) आशा सेड टू राधा, "गुड मार्निंग, माइ सिस्टर." Asha wished here sister Radha Good Morning. (Indirect) आशा विश्ड हर सिस्टर राधा गुड मार्निंग.
2. भिखारी ने विद्यार्थी से कहा, "परमात्मा आपको खुश रखे।"	The begger said to the sudent, "God bless you." (Direct) द बैग्गर सेड टू द स्टूडेन्ट, "गॉड ब्लेस यू." The begger prayed to God that he might bless the student. (Indirect) द बैग्गर प्रेयेड टू गॉड दैट ही माइट ब्लेस द स्टूडेन्ट.

Exclamatory sentences (विस्मयादि बोधक वाक्यों) में said to (सेड टू) को विस्मय सूचक शब्दों में बदलते हैं और connective (कनेक्टिव) के रूप में that (दैट) लगाते हैं।

Examples (उदाहरण)

Hindi Sentences हिन्दी वाक्य	**English Sentences** अंग्रेजी वाक्य
1. सरला ने कहा, "वाह! कितना सुन्दर बच्चा है।"	Sarla said, "Oh! what a pretty babby." (Direct) सरला सैड, "ओह! व्हाट ए प्रेटी बेबी।"

Sarla exclaimed in wonder that it was a very pretty baby. (Indirect)

सरला एक्सक्लेम्ड इन वंडर दैट इट वाज ए वैरी प्रेटी बेबी.

2. रतन लाल ने कहा, ''अफसोस! मैंने भिखारी के पैसे चुरा लिए।''

Ratan lal said, ''Sorry! I stole the beggar's money.'' (Direct)

रतन लाल सैड, ''सॉरी! आई स्टोल द बैग्गर्स मनी.''

Ratan lal regretted that he had stolen the beggar's money.(Indirect)

रतन लाल रिग्रेटिड दैट ही हैड स्टोलन द बैग्गर्स मनी.

जिन वाक्यों में request (प्रार्थना), advice (उपदेश), order (आदेश), warning (चेतावनी), suggestion (सुझाव) आदि का बोध हो, वहां पर said to (सेड टू), इन्हीं के अनुसार परिवर्तित किया जाता है। conjunction (कंजक्शन) के रूप में to (टू) लगाया जाता है।

Examples (उदाहरण)

Hindi Sentences
हिन्दी वाक्य

English Sentences
अंग्रेजी वाक्य

1. माँ ने पुत्र से कहा, ''धूप में मत घूमो।''

The mother said to her son, ''Do not wander in the sun.'' (Direct)

द मदर सेड टू हर सन, ''डू नॉट वेंडर इन द सन.''

The mother advised her son not to wonder in the sun. (Indirect)

द मदर एडवाइस्ड हर सन नॉट टू वेंडर इन द सन.

2. प्रधानाध्यापक ने चपरासी से कहा, ''घंटी बजा दो।''

The Head master said to the peon, ''Ring the bell.'' (Direct)

द हैडमास्टर सेड टू द पियन, ''रिंग द बैल.''

The Headmaster ordered the peon to ring the bell. (Indirect)

द हैडमास्टर आर्डर्ड द पियन टू रिंग द बैल.

The Participle and the Gerund
द पार्टिसिपल एंड द जीरन्ड
कृदन्त विशेषण और कृदन्त संज्ञा

The Participle (कृदन्त विशेषण)

Adjective (विशेषण) का काम करने वाली verb (वर्ब) Participle (कृदन्त विशेषण) कहलाती है । अतः यह अंशतः verb और अंशत adjective होती है ।

Kinds of Participle
कृदन्त विशेषण के प्रकार

1. The Present Participle (वर्तमान कृदन्त विशेषण) यह किसी अपूर्ण क्रिया को व्यक्त करता है । इसमें verb (क्रिया) के साथ 'ing' लगाया जाता है । जैसेः

मैंने लोगों को दौड़ते हुए देखा ।	I saw the people running.
	आई सा द पीपल रनिंग.
रोती हुई लता ने सहायता के लिए पुकारा ।	The crying Lata called for help.
	द क्राइंग लता काल्ड फॉर हैल्प.

2. The Past Participle (भूतकाल कृदन्त विशेषण) यह किसी पूर्ण क्रिया को व्यक्त करता है । इसमें verb (क्रिया) की Third form का प्रयोग किया जाता है जैसेः

चुराई गई वस्तुओं का पता लग गया है ।	The stolen goods have been traced out.
	द स्टॉलन गुड्स हैव बीन ट्रेस्ड आउट.
हारे हुए सैनिक लौट आए हैं ।	The defeated soldiers have returned.
	द डिफीटिड सोल्जर्स हैव रिटर्नड.

The Perfect Participle
(पूर्ण कृदन्त विशेषण)

यह, The Present Participle और The Past Participle दोनों के संयोग से बनता है । यह काफी समय पूर्व सम्पूर्ण हो चुके कार्य को व्यक्त करता है । इसमें verb की Third form से पहले 'having' (हैविंग) लगाया जाता है ।
जैसेः

दिल्ली पहुँच कर हमने लालकिला देखा ।
Having reached Delhi, we saw the Red Fort.
हैविंग रीच्ड डेल्ही वी सा द रेड फोर्ट.
नाश्ता करने के बाद मैं स्कूल चला गया ।
Having taken my breakfast, I went to school.
हैविंग टेकन माई ब्रकफास्ट, आई वेन्ट टू स्कूल.

The Gerund
कृदन्त संज्ञा

The Gerund (कृदन्त संज्ञा) अंशतः verb (क्रिया) और अंशतः Noun (संज्ञा) होती है । इसमें verb के साथ 'ing' लगाया जाता है ।

1. श्यामलाल को शराब पीने का शौक है ।
   Shyam Lal is fond of drinking.
   श्यामलाल इज फाँड ऑफ ड्रिंकिंग.

2. चोरी करना अपराध है ।
   Stealing is a crime.
   स्टीलिंग इज ए क्राइम.

Uses of Gerund
कृदन्त संज्ञा के प्रयोग

1. Verb (क्रिया) के subject के रूप में :
   पढ़ाना उसका पेशा है
   Teaching is his profession.
   टीचिंग इज हिज प्रोफेशन.

   दौड़ना उसका शौक है ।
   Runing is his hobby.
   रनिंग इज हिज होबी.

2. Verb (क्रिया) के object के रूप में :
   वाहियात बोलना बन्द करें ।
   Stop talking nonsense.
   स्टॉप टाकिंग नानसेंस.

   ईमानदार व्यक्ति किसी को ठगने से घृणा करता है ।
   An honest man hates cheating any body.
   एन आनेस्ट मैन हेट्स चीटिंग एनीबडी.

3. go (गो) verb के पश्चात् :
   आओ खरीददारी करें ।
   Let us go shopping.
   लैट अस गो शॉपिंग.

आओ किश्ती चलाएं	Let us go rowing. लैट अस गो रोइंग.

4. Verb (क्रिया) के पूरक के रूप में :

गंगू को वास्तव में, खूब पिटाई की जरूरत है।	What Gangu needs is a sound beating. व्हाट गंगू नीड्स इज ए साउंड बीटिंग.
मैं तुम्हें तैरना सिखा दूंगा।	I shall teach you swimming. आई शैल टीच यू स्वीमिंग.

5. Prohibition (मनाही) को व्यक्त करने के रूप में :

यहां धूम्रपान मत करो	No smoking here. नो स्मोकिंग हियर.
यहां वाहन मत ठहराओ।	No parking here. नो पार्किंग हियर.

6. Preposition के object के रूप में :

रीता बहुत गाती है।	Reeta is very good at singing. रीटा इज वैरी गुड एट सिंगिंग.
मुझे तैरने का शौक है।	I am fond of swimming. आई एम फाँड ऑफ स्वीमिंग.

Common Errors
कॉमन ऐरर्स/सामान्य अशुद्धियाँ

अंग्रेजी बोलने और लिखने में लोग अक्सर अनेक प्रकार की Errors (त्रुटियां) कर जाते हैं। प्रभावशाली अंग्रेजी बोलचाल और लेखन के लिए इन Errors से बचना चाहिए। लगातार अभ्यास करने से Errors समाप्त होती जाएंगी।

NOUNS

Incorrect Sentence (अशुद्ध वाक्य)	**Correct Sentence** (शुद्ध वाक्य)
Riches has wings.	Riches have wings.
The News are correct.	The news is correct.
The cattle is grazing in the pasture.	The cattle are grazing in the

Her shoe is black.
This book's cover is very fine.

She has no mean of livelihood.
I have two brother in laws.
Finish your meals.
Donot catch fishes.
The road is closed for repair.
Be true to your words.

pasture.
Her shoes are black.
This cover of this book is very fine.

She has no means of livelihood.
I have two brothers in law.
Finish your meal.
Donot catch fish.
The road is closed for repairs.
Be true to your word.

PRONOUNS

Incorrect Sentence (अशुद्ध वाक्य)	**Correct Sentence** (शुद्ध वाक्य)
It is her.	It is she.
I and she are nieces.	She and I are nieces.
Let he meet me.	Let him meet me.
Choose one of these two pens.	Choose either of these two pens.
I, he and you stay here.	You , he and I stay here.
Each of us have separate scooter.	Each of us has a separate scooter.
She gave Ram and I sweets.	She gave Ram and me sweets.
My aunt has brought she up.	My aunt has brought her up.
I am your's faithfully.	I am yours faithfully.
Ramesh is stronger than him.	Ramesh is stronger than he.
One must perform his duties.	One must perform one's duty.
The man who I met was mad .	The man whom I met was mad.
Her trouble is the same like yours.	Her trouble is the same as yours.

ADJECTIVES

Incorrect Sentence (अशुद्ध वाक्य)	**Correct Sentence** (शुद्ध वाक्य)
I have not any pen.	I have no pen.
Give few rupees to me.	Give a few rupees to me.

पॉपुलर मिनी इंगलिश स्पीकिंग कोर्स

Sonu is best player of hockey.	Sonu is the best player of hockey.
Each dog has his day.	Every dog has his day.
You give him many troubles.	You give him much trouble.
Raju is a man of little words.	Raju is a man of few words.
This is the best of the two pens.	This is the better of the two pens.
I am coming by the nearest bus.	I am coming by the next bus.
He came by the latest bus.	He came by the last bus.
I gave him some advice.	I gave him a little piece of advice.
Shyam is elder than Raj.	Shyam is older than Raj.
He has got any money.	He has got some money.

VERBS

Incorrect Sentence (अशुद्ध वाक्य)	Correct Sentence (शुद्ध वाक्य)
The poor is unhappy.	The poor are unhappy.
You and he is smart.	You and he are smart.
Rice and curry are a very good food.	Rice and curry is a very good food.
One and one make two.	One and one makes two.
Gain and loss depends on luck.	Gain and loss depend on luck.
How beautiful the Rose is!	How beautiful is the rose.
I believed that he is an officer.	I believed that he was an officer.
Rama has arrived yesterday.	Rama arrived yesterday.
Many a students have passed the examination.	Many a student has passed the examination.
He reads so as to get good marks.	He reads so that he may get good marks.

ADVERBS

Incorrect Sentence (अशुद्ध वाक्य)	Correct Sentence (शुद्ध वाक्य)
I am much grateful to you.	I am very grateful to you.
It is very cold to go out.	It is too cold to go out.
He goes there often.	He often goes there.
You Should work very hardly.	You should work very hard.

Go directly to your school.	Go direct to your school.
She quickly went out.	She wentout quickly.
Father is very angry with you.	Father is much angry with you.
I like music too much.	I like music very much.
My son works hardly.	My son works hard.
It was much cold last night.	It was very cold last night.
We only should fear God.	We should fear only God.

PREPOSITIONS

Incorrect Sentence (अशुद्ध वाक्य)	Correct Sentence (शुद्ध वाक्य)
I agree you.	I agree with you.
She is known with me.	She is known to me.
I killed a snake by a stick.	I killed a snake with a stick.
He worked by sunset.	He worked till sunset.
Put some tea in this cup.	Put some tea in to this cup.
Sonu passed in the test.	Sonu passed the test.
I am going to home.	I am going home.
Switch of the light.	Switch off the light.
He spoke with her.	He spoke to her.
He fell down the roof.	He fell from the roof.
The hen is below the table.	The hen is under the table.
Sarla is ill from fever.	Sarla is ill with fever.

ARTICLES

Incorrect Sentence (अशुद्ध वाक्य)	Correct Sentence (शुद्ध वाक्य)
Ratan is beggar.	Ratan is a beggar.
Kamini is M.A. , L.L.B.	Kamini is an M.A. , L.L.B.
He is an European.	He is a European.
Sun sets in west.	The Sun sets in the west.
Child is father of man.	The child is the father of the man.
Earth moves round the sun.	The earth moves round the sun.
Dog is faithful animal.	The dog is a faithful animal.

Gandhi died for pure cause.	Gandhi died for a pure cause.
Anil is famous writer.	Anil is a famous writer.
Dogs are barking.	The dogs are barking.
Here is a egg for you.	Here is an egg for you.
The man is mortal.	Man is mortal.

CONJUNCTIONS

Incorrect Sentence (अशुद्ध वाक्य)	**Correct Sentence** (शुद्ध वाक्य)
He must either go or I.	Either he or I must go.
You asked me that why I came there.	You asked me why I came there.
She both stole my notes and coins.	She stole both my notes and coins.
Sit down or have a cup of tea.	Sit down and have a cup of tea.
As he is rich, so he is proud.	As he is rich, he is proud.
Wait until I do not return.	Wait until I return.
She is both a singer as well as dancer.	She is a singer as well as a dancer.
Although he is poor but is honest.	Although he is poor, yet he is honest.
Enjoy as Kamla does.	Enjoy yourself as Kamla does.

INTERJUCTIONS

Incorrect Sentences (अशुद्ध वाक्य)	**Correct Sentences** (शुद्ध वाक्य)
Also! we have won the match.	Hurrah! we have won the match.
Fie! how ugly is Rekha?	Pooh! how ugly is Rekha.
Hello! how hot it is.	Uhg! how hot it is.
Hush! there comes mummy.	Lo! there comes mummy.
Lo! the baby is asleep.	Hush! the baby is asleep
Ha! someone is coming.	Hark! someone is coming
Hark! how charming a scenery.	Ha! how charming a scenery.
Brave! papa has won a prize.	Hurrah! papa has won a prize.

ABBREVIATIONS
संक्षिप्त शब्द

English Abbreviations	Full English words
A/C	Account, Alternating Current
Adj	Adjective
Admn.	Administration
Adv.	Adverb
Advt.	Advertisement
AEC	Atomic Energy Commission
AFC	Asian Football Confederation
AICC	All India Congress Committee
AIDS	Acquired Immune Deficiency Syndrome
AIIMS	All India Institute of Medical Sciences
AIR	All India Radio
AM	Ante Meridiem (before noon)
AMU	Aligarh Muslim University
AMIE	Associate Member of Institute of Engineers
ASEAN	Association of South East Asian Nations.
Aren't	Are not
Amt.	Amount
Ans.	Answer
Aug.	August
Apr.	April
BA	Bachelor of Arts
BBC	British Broadcasting Corporation
BC	Before Christ
B. Com.	Bachelor of Commerce
B. P.	Blood Pressure
BOAC	British Overseas Airways Corporation
B. Sc.	Bachelor of Science
B. E.	Bachelor of Engineering
B. Ed.	Bachelor of Education
B. Tech.	Bachelor of Technology
CID	Criminal Investigation Department
Cm.	Centimetre
C/o	Care of

Co.	Company
Capt.	Captain
can't	can not
Dec.	December
Deg.	Degree
Didn't	Didnot
Don't	Do not
Dpt.	Department
DC	Deputy Commissioner
D. Litt.	Doctor of Literature
DLO	Dead Letter Office
Dr.	Doctor
E. & O. E.	Errors and Omissions Expected
Eng.	English, England
Engr.	Engineer
E'en	Even
Etc.	et cetera
eg.	exempli gratia (For Example)
Feb.	February
Fig.	Figure
Gen.	General, Gender
GPO	General Post Office
Hadn't	Had not
Hasn't	Has not
Haven't	Have not
Hon'ble	Honourable
ie	id est (that is)
IG	Inspector General
I'd	I had, I would
It's	It is
I'm	I am
Isn't	Is not
I've	I have
Jan.	January
Kg.	Kilogram
Lab.	Laboratory
Let's	Let us

Lt.	Lieutenant
Gov.	Governor
Masc	Masculine
MBBS	Bachelor of Medicine and Bachelor of Surgery
MD	Doctor of Medicine
MLA	Member of Legislative Assembley
MO	Money Order
Mr.	Mister
Mrs.	Mistress
No.	Number
Nov.	November
Ph. D	Doctor of Philosophy
PM	Prime Minister, Post Meridien (Afternoon)
PO	Post Office
PTO	Please Turn Over
PWD	Public Works Department
Rs	Rupee
Sat.	Saturday
Secy.	Secretory
Sq.	Square
TB	Tuberculosis
TV	Television
USA	United States of America
UDC	Upper Division Clerk
UP	Uttar Pradesh
VS	Versus (against)
Viz	Vidlecet (namely)
VIP	Very Important Person
Wed.	Wednesday
Wt.	Weight
What's	What is
Who's	Who is
Won't	Would not

Some Sentences for Salutation, Introduction and Etiquette
सम सेन्टेन्सेज फॉर सैल्यूटेशन, इंट्रोडक्शन एंड एटिकेट
अभिवादन, परिचय और शिष्टाचार के कुछ वाक्य

दादा जी (प्रातः की) नमस्ते।
Good Morning, Grandfather.
गुड मार्निंग, ग्रांड फादर.

दादीजी (दोपहर बाद की) नमस्ते।
Good afternoon Grand Mother.
गुड आफ्टर नून ग्रांड मदर.

सौभाग्यवती हो, बेटी।
Good luck, my daughter.
गुड लक, माई डाटर.

अलविदा प्रिय भानजे!
Goodbye, dear Nephew!
गुडबाई, डीयर नेफ्यू!

साष्टांग प्रणम, गुरुजी!
Prostrations, Sir!
प्रॉस्ट्रेशन्स, सर!

फिर मिलेंगे, प्रिय भतीजी!
See you again, dear niece!
सी यू अगेन, डीयर नाइस!

परमात्मा आपको दीर्घायु प्रदान करे।
May God give you a long life.
मे गॉड गिव यू ए लाँग लाइफ.

खुश आमदीद (आपका स्वागत है) मेरे बच्चों!
Welcome, my children!
वैलकम, माई चिल्ड्रन!

खुदा हाफिज, बहन जी!
Farewell, sister!
फेयरवैल, सिस्टर!

शुभ जन्मदिन, मैडम! (जन्म दिन मुबारक)
Happy birthday to you, madam!
हैप्पी बर्थडे टू यू, मैडम!

क्या हाल-चाल हैं, मेरे मित्र!
How do you do, my friend!
हाउ डू यू डू, माई फ्रेंड!

क्या मैं आपका परिचय पा सकता हूँ?
May I have the privilage (opportunity, Pleasure) of your Introduction?
मे आई हैव द प्रिविलेज (अपाच्र्यूनिटी, प्लेजर) ऑफ योअर इंट्रोडेक्शन?

सही-सलामत हूँ। धन्यवाद, अपनी तो सुनाइए!

I am quite well! thank you what about you?

आई एम क्वाइट वैल! थैंक यू, व्हाट अबाउट यू?

आपका बहुत-बहुत धन्यवाद!

Bundles of thanks.

बंडल्स ऑफ थैंक्स.

क्षमा कीजिए, श्रीमान!

Excuse me, sir!

एक्सक्यूज मी, सर!

मेरे लायक कोई सेवा?

Any service for me?

एनी सर्विस फॉर मी?

मैं आपका बड़ा आभारी हूँ!

I am so (very) grateful to you.

आई एम सो (वैरी) ग्रेटफुल टू यू.

कृपया एक गिलास पानी दे दीजिए!

Give me a glass of Water, Please! or A glass of water, please!

गिव मी ए ग्लास ऑफ वाटर, प्लीज! (या) ए ग्लास ऑफ वाटर, प्लीज!

देरी के लिए मुझे क्षमा करना!

Please excuse me for the delay!

प्लीज एक्सक्यूज मी फॉर द डिले!

मेरा अहोभाग्य तुम्हारे दर्शन हो गए!

It is my pleasure to see you!

इट इज माई प्लेजर टू सी यू!

शुभप्रातः काल।

Good Morning.

गुड मार्निंग.

अपरान्ह का अभिवादन।

Good Afternoon.

गुड आफ्टरनून.

संध्या का अभिवादन।

Good Evening.

गुड इवनिंग.

शुभ रात्रि।

Good Night.

गुड नाइट.

Some Proverbs of Daily Use
सम प्रोवर्ब्स ऑफ डेली यूज
प्रतिदिन प्रयोग में आने वाली कुछ कहावतें

सहज पके सो मीठा होय ।
Slow and Steady wins the race.
स्लो एडं स्टीडी विन्स द रेस.

सबसे भला चुप ।
Silence is Golden.
साइलेन्स इज गोल्डन.

उधार दोस्ती की कैंची है ।
Lend and Lose a friend.
लैंड एंड लॉस ए फ्रेंड.

बारह वर्ष बाद कोढ़ी के भी दिन फिरते हैं ।
Every dog has his day.
एवरी डॉग हैज हिज डे.

मनचंगा तो कठौती में गंगा ।
To the pure, every thing is pure.
टू द प्योर, एवरी थिंग इज प्योर.

लालच बुरी बला है ।
No avarice, no vice.
नो एवराइस, नो वाइस.

सांच को आंच नहीं ।
Truth fears no test.
ट्रुथ फीयर्स नो टेस्ट.

अदले का बदला (जैसे को तैसा) ।
Tit for Tat.
टिट फॉर टैट.

बातों से पेट नहीं भरता ।
Bare words buy no barley.
बेयर वड्र्स बॉई नो बारले.

सच्ची बात चुभती है ।
Truth is always bitter.
ट्रुथ इस आलवेज बिट्टर.

यह मुँह, मसूर की दाल ।
First deserve, then desire.
फर्स्ट डिजर्व, दैन डिजायर.

दिल को दिल से राहत ।
Love begets love.
लव बिगैट्स लव.

निर्धन की जोरू सबकी भाभी ।
A light purse is heavy curse.
ए लाइट पर्स इज ए हैवी कर्स.

अकल बड़ी या भैंस ।
Wisdom is better than strength.
विजडम इज बैटर दैन स्ट्रेन्थ.

चलती का नाम गाड़ी।	Nothing succeeds like success. नथिंग सक्सीड्स लाइक सक्सेस.
नेकी कर कुएं में डाल।	Do good and forget. डू गुड एंड फॉरगेट.
बुराई को प्रारम्भ में ही दबा दो।	Nip the evil in the bud. निप द इविल इन द बड.
बीती ताहि बिसार दे।	Let bygones be bygones. लैट बायगॉन्स बी बायगॉन्स.
बिना सेवा मिले न मेवा।	No pain, No gain. नो पेन, नो गेन.
दाम बनाए काम।	Money makes the mare go. मनी मेक्स द मेयर गो.
दीवारों के भी कान होते हैं।	Even walls have ears. इवन वाल्स हैव इयर्स.
नाच न जाने आंगन टेढ़ा।	A bad workman quarrels with his tools. ए बैड वर्कमैन क्वैरल्स विद हिल टूल्स.
जिसकी लाठी उसकी भैंस।	Might is Right. माइट इज राइट.
दान की बछिया के दांत नहीं देखे जाते।	Beggars can not be choosers. बैग्गर्स कैन नॉट बी चूजर्स.
डरे सो मरे।	Cowards die many a time before their deaths. कावड्र्स डाई मैनी ए टाइम बिफोर देयर डेथ्स.
डूबते को तिनके का सहारा।	A drowning man catches at a straw. ए ड्राउनिंग मैन कैचिज एट ए स्ट्रा.
दाल में कुछ काला।	There is something fishy at the bottom. देयर इज समथिंग फिशी एट द बॉटम.
जो गरजते हैं, वे बरसते नहीं।	Barking dogs seldom bite. बार्किंग डॉग्स सेल्डम बाइट.

जैसा बोओगे, वैसा काटोगे।	As you sow so shall you reap. एज यू सो, सो शैल यू रीप.
नीम-हकीम खतरा-ए-जान।	A little knowledge is a dangerous thing. ए लिटिल नॉलेज इज ए डेन्जरस थिंग.
जब तक सांस, तब तक आस।	Hope sustains life. होप सस्टेन्स लाइफ.
चार दिन की चाँदनी फिर अंधेरी रात।	Beauty is a nine days wonder. ब्यूटी इज ए नाइन डेज वंडर.
एकता में बल है।	Union is strength. यूनियन इज स्ट्रेन्थ.
कल किसने देखा है?	Tomorrow never comes. टुमॉरो नेवर कम्स.
एक परहेज, सौ इलाज।	Prevention is better than cure. प्रिवेंशन इज बैटर दैन क्योर.
उतावला से बावला।	Haste makes waste. हेस्ट मेक्स वेस्ट.
देर आए, दुरुस्त आए।	It is never too late to mend. इट इज नेवर टू लेट टू मेन्ड.
खाली मन शैतान का घर।	An idle mind is a devil's workshop. एन आइडल माइन्ड इज ए डिविल्स वर्कशॉप.
चिंता चिता समान है।	Care kills the cat. केयर किल्स द कैट.
अंगूर खट्टे हैं।	The grapes are sour. द ग्रेप्स आर सॉर.

Some Idiomatic Sentences
सम इडियोमैटिक सेन्टेन्सेज/कुछ मुहावरेदार वाक्य

नीम हकीमों से बचो।	Beware of quacks. बिवेयर ऑफ क्वेक्स.
झूठ के पांव कहां।	A lie has no legs to stand upon. ए लाई हैज नो लैग्स टू स्टेन्ड अपॉन.

यहां लेन-देन नकद होता है।
Terms are strictly cash here.
टर्म्स आर स्ट्रिकटलि कैश हेअर.

जेबकतरों से सावधान।
Beware of pick-pockets.
बिवेयर ऑफ पिक-पाकेट्स.

एक म्यान में दो तलवारें नहीं समा सकतीं।
Two of a trade seldom agree.
टू ऑफ ए ट्रेड सेल्डम एग्री.

सुनी-सुनाई बात पर विश्वास मत करो।
Do not believe in hearsay.
डू नॉट बिलीव इन हियरसे.

मेरी साइकिल खराब हो गई है।
My bicycle has gone out of order.
माई बाइसिकिल हैज गोन आउट आफ आर्डर.

अपने मुँह मियां मिट्ठू बनने से काम नहीं चलता।
Self praise is no recommendation.
सेल्फ प्रेइज इज नो रिकम्नडेशन.

आज हवा बन्द है।
It is close today.
इट इज क्लोज टूडे.

मेरा सिर चकरा रहा है।
I am feeling giddy.
आई एम फीलिंग गिड्डी.

हमेशा थोड़े सामान के साथ यात्रा करो।
Always travel light.
आल्वेज ट्रेवल लाइट.

इधर-उधर की मत हांको।
Do not beat about the bush.
डू नॉट बीट अबाउट द बुश.

चाँद की मांग करना व्यर्थ है।
It is no use crying for the moon.
इट इज नो यूज क्राइंग फॉर द मून.

अफवाहें तीव्र गति से फैलती हैं।
Rumours spread like wild fire.
रूमर्स स्प्रैड लाइक वाइल्ड फायर.

अपना उल्लू सीधा करने की कोशिश मत करो।
Do not try to grind your own axe.
डू नॉट ट्राई टू ग्राइंड योअर ओन एक्स.

आओ अब सुलह की बातें करें।
Let us now come to terms.
लैट अस नॉव कम टू टर्म्स.

यह तो केवल दिखावा है।
It is only an eye-wash.
इट इज ओनली एन आई वाश.

यह खोटा सिक्का है।
It is a base (counterfeit) coin.
इट इज ए बेस (काउन्टरफीट) क्वाइन.

प्रतिदिन एक नेकी करो।
Do a good turn everyday.
डू ए गुड टर्न एवरीडे.

अपने वचन के पक्के रहो।
Always keep your words.
आल्वेज कीप योअर वड्र्स.

Some Do's
करने योग्य कुछ बातें

परिश्रम करो।
Work hard.
वर्क हार्ड.

जल्दी सो जाया करो।
Go to bed early.
गो टू बैड अर्ली.

समय के पाबन्द बनो।
Be punctual.
बी पंकचुअल.

रोज सैर करने जाओ।
Go out for a daily walk.
गो आउट फॉर ए डेली वॉक.

अपने स्वास्थ्य का ध्यान रखो।
Take care of your health.
टेक केयर ऑफ योअर हैल्थ.

सच बोलो।
Speak the truth.
स्पीक द ट्रुथ.

अपने देश की सेवा करो।
Serve your country.
सर्व योअर कंट्री.

निर्धनों की सहायता करो।
Help the poor.
हैल्प द पूअर.

प्रातः जल्दी उठो।
Get up early in the morning.
गेट अप अर्ली इन द मार्निंग.

निर्धनों पर दया करो।
Take pity on the poor.
टेक पिटी ऑन द पूअर.

अपने वचन का पालन करो।
Be true to your word.
बी टू टू योअर वर्ड.

ईश्वर पर भरोसा रखो।	Turst in God.
	ट्रस्ट इन गॉड.
दूसरों की भलाई किया करो।	Do good to others.
	डू गुड टु अदर्स.
खाओ, पीओ और मस्त रहो।	Eat, Drink and be merry.
	ईट, ड्रिंक एंड बी मैरी.
साफ-सुथरे रहो।	Remain neat and clean.
	रिमेन नीट एंड क्लीन.
हल्का भोजन खाओ।	Take light food.
	टेक लाइट फूड.
रोज दांत साफ करो।	Brush your teeth daily.
	ब्रुश योअर टीथ डेली.

Some Don'ts
न करने योग्य बातें

तेज धूप में मत घूमो।	Don't wander in the biting sun.
	डॉन्ट वेन्डर इन द बाइटिंग सन.
खाली मत बैठो।	Don't sit idle.
	डॉन्ट सिट आइड्ल.
अपना समय नष्ट मत करो।	Do not waste your time.
	डू नॉट वेस्ट योअर टाइम.
रेलगाड़ी में धूम्रपान मत करो।	Do not smoke in the train.
	डू नॉट स्मोक इन द ट्रेन.
किसी को मत सताओ।	Do not tease anybody.
	डू नॉट टीज एनीबॉडी.
किसी को गाली मत दो।	Do not abuse anybody.
	डू नॉट एब्यूज एनीबॉडी.
झूठ मत बोला।	Do not tell a lie.
	डू नॉट टेल ए लाई.
देरी से मत उठो।	Do not get up late.
	डू नॉट गेट अप लेट.

किसी को मत ठगो।
Do not cheat anybody.
डू नॉट चीट एनीबॉडी.

दिन में मत सोओ।
Do not sleep in the day.
डू नॉट स्लीप इन द डे.

किसी से झगड़ा मत करो।
Do not quarrel with anybody.
डू नॉट क्वेरल विद एनीबॉडी.

मंद रोशनी में मत पढ़ो।
Do not read in dim light.
डू नॉट रीड इन डिम लाइट.

फर्श पर मत थूको।
Do not spit on the floor.
डू नॉट स्पीट ऑन द फ्लोर.

दूसरों की बुराई मत करो।
Do not speak ill of others.
डू नॉट स्पीक इल ऑफ अदर्स.

परीक्षा में नकल मत करो।
Do not copy in the examination.
डू नॉट कॉपी इन द एग्जामिनेशन.

अपने दांतो से नाखूनों को मत काटो।
Do not bite your nails.
डू नॉट बाइट योअर नेल्स.

Some useful Imperative Sentences
सम यूजफुल इम्परेटिव सैन्टेन्सेज/कुछ उपयोगी आदेशात्मक वाक्य

ठीक काम करो।
Do the right.
डू द राइट.

जल्दी करो।
Hurry up or Look sharp.
हुर्रे अप (या) लुक शार्प.

अपना लेख सुधारो।
Improve your hand writing.
इम्प्रूव योअर हैंड राईटिंग.

नल खोल दो।
Turn on the tap.
टर्न ऑन द टैप.

नल बंद कर दो।
Turn off the tap.
टर्न ऑफ द टैप.

बिजली जला दो।
Switch on the light.
स्विच ऑन द लाइट.

बिजली बुझा दो।

Switch off the light.

स्विच ऑफ द लाइट.

अपने जूते उतार लो।

Take off your shoes.

टेक ऑफ योअर शूज.

सामान खोल दो।

Unpack the luggage.

अनपैक द लगेज.

यह बात मन में रखना।

Keep it to yourself.

कीप इट टू योअरसेल्फ.

बायीं ओर चलो।

Keep to the left.

कीप टू द लेफ्ट.

बिस्तर बिछा दो।

Make the bed.

मेक द बैड.

दफा हो जाओ।

Be off (or) Get off (or) Buzz off.

बी ऑफ (या) गैट ऑफ (या) बज ऑफ.

अकल की बात करो।

Talk sense.

टाक सेन्स.

यह पत्र मुझे पढ़ कर सुनाओ।

Read out this letter to me.

रीड आउट दिस लैटर टू मी.

उसे अपने भाग्य पर छोड़ दो।

Leave him to his fate.

लीव हिम टू हिज फेट.

Some short sentences of Daily use
सम शॉर्ट सेन्टेन्सेज ऑफ डेली यूज/दैनिक प्रयोग के कुछ छोटे-छोटे वाक्य

शेष कुशल है।

Rest is o.k. (fine)

रेस्ट इज ओ.के. (फाइन)

मुझ पर विश्वास करो।

Believe me.

बिलीव मी.

बहुत अच्छा, श्रीमान!

Very well (fine) sir.

वैरी वैल (फाइन) सर.

कोई बात नहीं।

Never mind.

नेवर माइन्ड.

कृपया क्षणभर प्रतीक्षा करें ।

Please wait for a while.　　***or***
wait a while. (for short time)
प्लीज वेट फॉर ए व्हाइल.　　　*(या)*
वेट ए व्हाइल. (फॉर ए शार्ट टाइम).

कोई आवश्यकता नहीं ।

No need.
नो नीड.

क्या मैं आपकी सहायता करूं?

Should I help you?
शुड आई हेल्प यू?

मुझे झांसा मत दो ।

Do not bluff me.
डू नॉट ब्लफ मी.

सब ठीक-ठाक है ।

It is all right.
इट इज ऑल राइट.

अपनी जुबान को लगाम दो ।

Hold (Rein) your Tongue
होल्ड (रेन) योअर टंग.

यह बहुत ही ज्यादा है ।

It is too much.
इट इज टू मच.

यह मेरे लिए पर्याप्त है ।

It is enough for me.
इट इज एनफ फॉर मी.

बाईं ओर मुड़ना वर्जित है ।

No right turn.
नो राइट टर्न.

यहां वाहन खड़ा करना मना है ।

No Parking here.
नो पार्किंग हेयर.

शुभकामनाओं के साथ ।

With best wishes.　　　***or***
Wish you all the best.　　***or***
Wish you best of luck.
विद् बेस्ट विशिस.　　　　　*या*
विश यू आल द बेस्ट.　　　　*या*
विश यू बेस्ट ऑफ लक.

सीधे खड़े ओ जाओ ।

Stand upright.
स्टैन्ड अपराइट.

कृपया बातें मत कीजिए ।

No talking please.
नो टाकिंग प्लीज.

भविष्य में सावधान रहना ।	Be careful in future. बी केअरफुल इन फ्यूचर.
कृपया ऊपर आ जाइए ।	Please come upstairs. प्लीज कम अपस्टेयर्स.
देर मत लगाना ।	Do not be long. डू नॉट बी लाँग.
तेज दौड़ो, पीछे मत रहो ।	Run faster, do not leg behind. रन फास्टर, डू नॉट लेग बिहाइन्ड.
हाल बेहाल है ।	Everything is out of order. एवरीथिंग इज आउट ऑफ आर्डर.
जन्मदिन/नववर्ष/दीपावली/क्रिसमस मुबारक (शुभ) हो ।	Happy birthday/New year/Deepawali/Christmas. हैप्पी बर्थडे/न्यू ईयर/दीपावली/क्रिसमस.
बिना आज्ञा अन्दर आना मना है ।	No admission, without permission. नो एडमिशन, विद्आउट परमीशन.
हार्दिक बधाई हो ।	Heartiest congratulations. हार्टिएस्ट कांग्रेच्युलेशन्स.
आपका स्वागत है ।	You are welcome. यू आर वैलकम.
केवल एक मिनट ।	Just a minute. जस्ट ए मिनट.
अपने मन की बात कहो ।	Speak out your mind. स्पीक आउट योअर माइन्ड.
मुझे पूर्ण विश्वास है ।	I am very (quite) sure. आई एम वैरी (क्वाइट) श्योर.
अरे साहब क्यों नहीं? अवश्य ।	Why not? by all means. व्हाई नॉट? बाई आल मीन्स.
केवल पुरुषों/महिलाओं के लिए ।	For Gents/ Ladies only. फॉर जेन्ट्स/लेडीज ओनली.
मेरे योग्य कोई सेवा?	Any service for me? एनी सर्विस फॉर मी?

पहले आओ, पहले पाओ।	First come, first serve. फर्स्ट कम फर्स्ट सर्व.

Conversation on Salutation, Introduction and Etiquette
कन्वर्सेशन ऑन सैल्यूटेशन, इंट्रोडक्शन एंड ऐटिकेट अभिवादन, परिचय और शिष्टाचार पर बातचीत

Conversation in a Bus
(बस में वार्तालाप)

सरिता: हैलो! नमस्ते मैडम।	Sarita: Hello! Good morning Madam. सरिता: हैलो! गुड मॉर्निंग मैडम.
विनीता: नमस्ते। आइये मेरे साथ सीट पर बैठ जाइए।	Vinita: Good morning. Please share the seat with me. विनीता: गुड मार्निंग. प्लीज शेयर द सीट विद् मी.
सरिता: परन्तु आपकी सीट पर फालतू जगह तो नहीं है।	Sarita: But there is no extra space on your seat. सरिता: बट देयर इज नो एक्स्ट्रा स्पेस ऑन योअर सीट.
विनीता: मेरे ख्याल में, आपको बड़ी असुविधा हो रही होगी।	Vinita: I suppose you must be feeling very uncomfortable. विनीता: आई सपोज यू मस्ट बी फीलिंग वैरी अनकम्फर्टेबिल.
सरिता: अरे नहीं, जरा भी नहीं।	Sarita: Oh no, not the least. सरिता: ओह नो, नॉट द लीस्ट.
विनीता: सभ्य महिला, आपकी बड़ी मेहरबानी। क्या मैं जान सकती हूँ कि आप कहां रहती हैं?	Vinita: So nice of you, cultured lady! May I know where do you live? विनीता: सो नाइस ऑफ यू, कल्चर्ड लेडी। मे आई नो व्हेयर डू यू लिव?
सरिता: अवश्य! मेरा परिवार पहाड़गंज में रहता हैं। श्रीमती जी क्या मैं	Sarita: By all means! My family resides in Paharganj. Madam,

आपका परिचय पा सकती हूँ?	May I have the privilege of getting your introduction?
	सरिताः बाई आल मीन्स! माई फैमिली रिजाइड्स इन पहाड़गंज, मैडम मे आई हैव द प्रिविलेज ऑफ गैटिंग योअर इंट्रोडक्शन?
विनीताः क्यों नहीं? मैं शाहदरा में एक वरिष्ठ माध्यमिक स्कूल में इतिहास की अध्यापिका हूँ। मैं करोल बाग में रहती हूँ।	Vinita: Off course! I am a History Teacher in a Senior Secondary School at Shahdara. I live at Karol Baag.
	विनीताः ऑफ कोर्स! आई एम ए हिस्ट्री टीचर, इन ए सीनियर सैकेण्डरी स्कूल एट शाहदरा, आई लिव एट करोल बाग.
सरिताः किराए के मकान में?	Sarita: In a ranted accommodation?
	सरिताः इन ए रेन्टिड एक्कॉमॉडेशन?
विनीताः नहीं, हमारा अपना निजी फ्लैट है।	Vinita: No! we have our own flat.
	विनीताः नो! वी हैव अवर ओन फ्लैट.
सरिताः हमारा भी अपना निजी मकान है।	Sarita: We also have our own flat!
	सरिताः वी आल्सो हैव अवर ओन फ्लैट.

Conversation at the Breakfast Table
सुबह के नाश्ते के समय वार्तालाप

मम्मीः सभी आ जाओ। नाश्ता मेज पर रख दिया गया है।	Mummy: Come along every body Breakfast is ready on the table.
	मम्मीः कम एलाँग एवरी बाडी, ब्रेकफास्ट इज रेडी ऑन द टेबिल.
रेणुः मम्मी, आज नाश्ते में क्या बनाया है?	Renu: Mummy, what do we have for Breakfast today?
	रेणुः मम्मी, व्हाट डू वी हैव फॉर ब्रेकफास्ट टुडे?

मम्मी: आज मैंने दलिया बनाया है।

Mummy: I have prepared porridge this morning.

मम्मी: आई हैव प्रिपेयर्ड पॉरिज दिस मार्निंग।

रेणु: वह तो मेरा मनचाहा नाश्ता है।

Renu: That is my favourite breakfast.

रेणु: दैट इज माई फेवरिट ब्रेकफास्ट।

मम्मी: मैंने दूध भी उबाल दिया है।

Mummy: I have boiled milk also.

मम्मी: आई हैव बॉयल्ड मिल्क आल्सो।

रेणु: परन्तु पापा तो दलिया नहीं खाते हैं।

Renu: But papa has no taste for porridge.

रेणु: बट पापा हैज नो टेस्ट फॉर पॉरिज।

मम्मी: मुझे पता है, शरारती लड़की। इसीलिए तो मैंने उनके लिए चावल उबाल दिए हैं।

Mummy: I know that, naughty girl. That is, why I have boiled rice for him.

मम्मी: आई नो दैट, नॉटी गर्ल. दैट इज व्हाई आई हैव बॉयल्ड राइस फॉर हिम।

रेणु: आप बड़ी सावधान हैं। आप थोड़ी देर विश्राम कर लें। मैं प्लेटें और चम्मच लाकर परोसती हूँ।

Renu: You are very careful. Please take rest for a short while. I will bring in, the plates and spoons and serve.

रेणु: यू आर वैरी केयरफुल, प्लीज टेक रेस्ट फॉर ए शॉर्ट व्हाइल. आई विल ब्रिंग इन, द प्लेट्स एंड स्पून्स एंड सर्व।

मम्मी: ठीक है, तुम्हीं नाश्ता भी परोस दो।

Mummy: That is nice. You may serve the breakfast also.

मम्मी: दैट इज नाइस, यू मे सर्व द ब्रेकफास्ट आल्सो।

रेणु: वह मैं बड़ी खुशी से करुंगी।

Renu: I shall be glad to do that.

रेणु: आई शैल बी ग्लैड टू डू दैट।

मम्मी: ध्यान रखना, मेजपोश पर चावल या दलिया मत बिखेर देना।	Mummy: Be careful, do not smear rice or porridge on the table cloth.
	मम्मी: बी केयरफुल, डू नॉट स्मीअर राइस ऑर पॉरिज ऑन द टेबिल क्लाथ.
रेणु: पापा आप चावलों के साथ दाल लेंगे या दही?	Renu: Papa, will you have dal or curd with rice?
	रेणु: पापा, विल यू हैव दाल ऑर कर्ड विद् राइस?
पापा: दोनों की थोड़ी-थोड़ी मात्रा।	Papa: A little quantity of both.
	पापा: ए लिटिल क्वान्टिटी ऑफ बोथ.
मम्मी: मेज साफ करने में मेरा हाथ कौन बटाएगा?	Mummy: Who will give me a hand in cleaning the table?
	मम्मी: हू विल गिव मी ए हैन्ड इन क्लीनिंग इ टेबिल?
रेणु: आप की सेवा में लिए मैं जो हूँ।	Renu: I am there to serve you.
	रेणु: आई एम देयर टू सर्व यू.

Conversation between a Father and a Son
पिता और पुत्र में वार्तालाप

पिता: नितिन, आज क्या मामला है?	Father: Nitin, what is the matter with you today?
	फादर: नितिन, व्हाट इज द मैटर विद् यु, टुडे?
नितिन: आज हमारा अवकाश है। हमने पिकनिक पर जाने की योजना बनाई है।	Nitin: We have a holiday today. We have planned to go out on a picnic.
	नितिन: वी हैव ए हॉलीडे टुडे, वी हैव प्लान्ड टू गो आउट ऑन ए पिकनिक.

पिता: क्या तुम किसी पहाड़ी स्थान पर जाने के इच्छुक हो?

Father: Do you intend to visit some hill station?

फादर: डू यू इन्टेन्ड टू विजिट सम हिल स्टेशन?

नितिन: बिल्कुल नहीं। हम या तो आगरा जाएंगें या जयपुर।

Nitin: Certainly not, we shall go either to Agra or to Jaipur.

नितिन: सर्टेन्ली नॉट, वी शैल गो आइदर टू आगरा ऑर टू जयपुर.

पिता: क्या तुम्हारी कक्षा का प्रत्येक लड़का पिकनिक पर जाएगा?

Father: Will every boy of your class go out for the picnic?

फादर: विल एवरी बॉय ऑफ योअर क्लास गो आउट फॉर द पिकनिक?

नितिन: हाँ।

Nitin: Yes.

नितिन: यस.

पिता: तुमने कितना धन एकत्र किया है?

Father: How much money have you collected?

फादर: हाऊ मच मनी हैव यू कलेक्टिड?

नितिन: एक हजार रुपए।

Nitin: One thousand rupees.

नितिन: वन थाउजेन्ड रुपीज.

पिता: यह धनराशि थोड़ी लगती है।

Father: This amount seems little.

फादर: दिस एमाउन्ट सीम्स लिटिल.

नितिन: बहुत से बालक लड़के धनराशि देने में समर्थ नहीं हैं।

Nitin: Many boys can not afford to pay more amount.

नितिन: मैनी बॉयज कैन नॉट एफ्रोड टू पे मोर एमाउन्ट.

पिता: क्या मैं भी तुम्हारे साथ चलूं?

Father: Should I also accompany you?

फादर: शुड आई आल्सो एकम्पनी यू?

नितिन: नहीं, यह पिकनिक वृद्ध पुरुषों के लिए नहीं है।

Nitin: No, this picnic is not meant for the older people.

नितिन: नो, दिस पिकनिक इज नॉट मीन्ट फॉर द ओल्डर पुपिल.

पिता: ये दो सौ रुपए और जेब में डाल लो।

Father: Keep this two Hundred rupees in your pocket.

फादर: कीप दिस टू हन्ड्रेड रुपीज इन योअर पॉकेट.

नितिनः आपका बहुत धन्यवाद पापा।

Nitin: So nice of you, Papa.

नितिनः सो नाइस ऑफ यू, पापा.

Conversation on Important Discoveries
महत्त्वपूर्ण खोजों पर वार्तालाप

अध्यापकः बच्चों आज मैं तुम्हारी खोजों से सम्बन्धित शंकाओं का समाधान करूंगा। आप मुझसे प्रश्न पूछ सकते हैं।

Teacher: Children, today I shall remove your doubts relating to discoveries. You may ask me questions.

टीचरः चिल्ड्रन, टूडे आई शैल रिमूव योअर डाउट्स रिलेटिंग टू डिस्कवरीज यू आस्क मी क्वेश्च्यन्स.

रामूः श्रीमान जी, ऑक्सीजन की खोज किसने की थी?

Ramu: Sir, Who discovered oxygen?

रामूः सर, हू डिस्कवर्ड ऑक्सीजन?

अध्यापकः जोसेफ प्रीस्टले और कार्ल शीले ने।

Teacher: Joseph Priestley and Karl Scheele.

टीचरः जोसेफ प्रीस्टले एंड कार्ल शीले.

नितिनः रेडियम की खोज किसने की थी?

Nitin: Who discovered Radium?

नितिनः हू डिस्कर्वड रेडियम?

अध्यापकः पियरे और मैरी क्यूरी ने।

Teacher: Pierre and Marie Curie.

टीचरः पियरे एडं मैरी क्यूरी.

मोनूः क्लोरीन की खोज किसने की थी?

Monu: Who discovered Chlorine?

मोनूः हू डिस्कर्वड क्लोरिन?

अध्यापकः कार्ल शीले ने।

Teacher: Karl Scheele.

टीचरः कार्ल शीले.

गीता: इलैक्ट्रॉन की खोज किसने की थी?	Geeta: Who discovered Electron? गीता: हू डिस्कवर्ड इलैक्ट्रॉन?
अध्यापक: सर जोसेफ थामसन ने।	Teacher: Sir Joseph Thomsan. टीचर: सर जोसेफ थामसन.
नेहा: हीलियम की खोज किसने की थी?	Neha: Who discovered Helium? नेहा: हू डिस्कवर्ड हीलियम?
अध्यापक: सर विलियम रैमसे ने।	Teacher: Sir William Ramsay. टीचर: सर विलियम रैमसे.
अनिल: प्रोटोन की खोज किसने की थी?	Anil: Who discovered Proton? अनिल: हू डिस्कवर्ड प्रोटोन?
अध्यापक: अरनेस्ट रदरफोर्ड ने।	Teacher: Ernest Rutherford. टीचर: अरनेस्ट रदरफोर्ड.
सुनीता: यूरेनियम की खोज किसने की थी?	Sunita: Who discovered Uranium? सुनीता: हू डिस्कवर्ड यूरेनियम?
अध्यापक: मार्टिन क्लापरोथ ने।	Teacher: Martin Klaproth. टीचर: मार्टिन क्लापरोथ.
अध्यापक: अन्य कोई प्रश्न?	Teacher: Any other question? टीचर: एनी अदर क्वेश्च्यन?
विद्यार्थी: नहीं श्रीमान। आपका धन्यवाद।	Students: No Sir! thank you. स्टूडेन्ट्स: नो सर! थैंक यू.

Conversation at Home
घर पर बातचीत

Hindi Sentences हिन्दी वाक्य	**English Sentences** अंग्रेजी वाक्य
माँ: उठो राधा छह बज गए।	Mother: Wake up Radha, it is 6 O'clock. मदर: वैक अप राधा, इट इज सिक्स ओ क्लाक.
राधा: माँ, कृपया मुझे आधा घंटा और	Radha: Mother/Mummy/Maa,

सोने दो। अभी मेरी आँखों में नींद भरी हुई है।

Please let me sleep for half an hour more. I am still feeling sleepy.

राधाः मदर/मम्मी/माँ, प्लीज लैट मी स्लीप फॉर हाफ एन आवर मोर आई एम स्टिल फीलिंग स्लीपी.

माँः इधर देखो, सूर्य निकल आया है।

Mother: Look here, the sun has risen.

मदरः लुक हियर, द सन हैज राइजन.

राधाः सूर्य ने 12 घंटे विश्राम किया है।

Radha: The sun has rested for twelve hours.

राधाः द सन हैज रेस्टिड फॉर ट्वैल्व ऑवर्स.

माँः बहस मत करो, उठो और बिस्तर को लपेट दो।

Mother: Do not argue. Get up and fold your bed-cloths.

मदरः डू नॉट आर्गू, गेट अप एंड फोल्ड योअर बेड क्लाथ्स.

राधाः माँ पहले नौकर को जगाओ। उससे कहो कि चाय तैयार करे।

Radha: Mother first of all, wake up the servant. Ask him to make tea.

राधाः मदर, फर्स्ट ऑफ आल, वेक अप द सर्वेन्ट, आस्क हिम टू मेक टी.

माँः मुझे आज्ञा मत दो। वह भी मनुष्य है, ठीक तुम्हारी तरह।

Mother: Do not order me. He too is a human being, just like you.

मदरः डू नॉट आर्डर मी, ही टू इज ए ह्यूमन बीइंग, जस्ट लाइक यू.

राधाः यह नौकर हम सब के लिए सिरदर्द बन गया है। उसे एकदम हटा दो।

Radha: This servant has become a headache for all of us. Remove him at once.

राधाः दिस सर्वेन्ट हैज बिकम ए हैडएक फार आल ऑफ अस. रिमूव हिम एट वन्स.

माँः यह मुझे देखना है। तुम अपना काम संभालो।	**Mother:** I have to look into it, you mind your own business.
मदरः आई हैव टू लुक इनटू इट, यू माइन्ड योअर ओन बिजनेस.	
राधाः माँ यह मत भूलो कि मैं आपकी सबसे छोटी बेटी हूँ। मुझे हर समय मत डांटा करो।	**Radha:** Do not forget mother that I am your youngest daughter. Do not scold me every time.
राधाः डू नॉट फारगेट मदर, दैट आई एम योअर यंगेस्ट डॉटर, डू नॉट स्कोल्ड मी एवरी टाइम.	
माँः मुझे इस तरह परेशान मत किया करो। जाओ और हाथ-मुँह धो लो।	**Mother:** Don't (Do not) trouble (tense) me like that. Go and wash yourself.
मदरः डोंट (डू नॉट) ट्रबल (टेन्स) मी लाइक दैट, गो एंड वाश योअरसेल्फ.	

Conversation with Friend
मित्र से वार्तालाप

Hindi Sentences हिन्दी वाक्य	**English Sentences** अंग्रेजी वाक्य
अनिलः दरवाजा कौन खटखटा रहा है?	**Anil:** Who is knocking at the door?
अनिलः हू इज नॉकिंग एट द डोर?	
सुनीलः अरे भाई मैं हूँ।	**Sunil:** Brother, it is I.
सुनीलः ब्रादर, इट इज आई.	
अनिलः स्वागत है। इतने सवेरे कैसे कष्ट किया? खैरियत तो है न घर पर?	**Anil:** Welcome, what has brought you so early? Is everything okay at home?
अनिलः वैलकम, व्हाट हैज ब्रॉट यू सो अर्ली? इज एवरीथिंग ओके एट होम?	
सुनीलः आपको एक दुःखद समाचार देने आया हूँ।	**Sunil:** I have come to give you a sad news.

अनिलः जल्दी बताइए।

सुनीलः हमारे मित्र जाकिर को गहरी चोट आई है।

अनिलः अरे! क्या हुआ बेचारे जाकिर को?

सुनीलः वह चलती बस से गिर गया।

अनिलः अब वह कहां पर है?

सुनीलः उसे एल.एन.जे.पी. अस्पताल में भर्ती करा दिया गया है।

अनिलः क्या वह बेहोश है?

सुनीलः नहीं।

अनिलः अस्पताल में उसके पास कौन है?

सुनीलः उसके पिताजी।

अनिलः अच्छा एक कप चाय पी लो। फिर अस्पताल चलते हैं।

सुनीलः आई हैव कम टू गिव यू ए सैड न्यूज.

Anil: Be quick and break the news.

अनिलः बी क्विक एंड ब्रेक द न्यूज.

Sunil: Our friend, Zakir, has been badly hurt.

सुनीलः अवर फ्रेंड, जकिर, हैज बीन बैडली हर्ट.

Anil: Oh! what is gone wrong with poor Zakir.

अनिलः ओह! व्हाट इज गोन रांग विद् पूअर जाकिर?

Sunil: He fell from a running bus.

सुनीलः ही फैल फ्रॉम ए रनिंग बस.

Anil: Where is he at present?

अनिलः व्हेअर इज ही एट प्रेजेन्ट?

Sunil: He has been admitted in L.N.J.P. Hospital.

सुनीलः ही हैज बीन एडमिटिड इन एल.एन. जे.पी. हॉस्पिटल.

Anil: Is he unconscious?

अनिलः इज ही अनकांशस?

Sunil: No, he isn't.

सुनीलः नो ही इज नॉट.

Anil: Who is with him in hospital?

अनिलः हू इज विद हिम इन हॉस्पिटल?

Sunil: His father.

सुनीलः हिज फादर.

Anil: Well, have a cup of tea, Then we shall move to the Hospital.

अनिलः वैल हैव ए कप ऑफ टी, दैन वी शैल मूव टू द हॉस्पिटल.

Conversation at School
विद्यालय में वार्तालाप

Hindi Sentences हिन्दी वाक्य	**English Sentences** अंग्रेजी वाक्य
स्नेहः तुम बड़ी होशियार हो। क्या तुम्हारी माता जी तुम्हें पढ़ाती है?	Sneh: You are very intelligent. Does your mother teach you?
स्नेहः यू आर वैरी इंटेलीजेन्ट, डज योअर मदर टीच यू?	
सविताः नहीं, मेरी माताजी मुझे नहीं पढ़ाती हैं।	Savita: No , my mother does not teach me.
सविताः नो, माई मदर डज नॉट टीच मी.	
स्नेहः तुम्हारे कितने भाई हैं?	Sneh: How many brothers have you?
स्नेहः हाउ मैनी ब्रादर्स हैव यू?	
सविताः मेरे दो भाई है।	Savita: I have two brothers.
सविताः आई हैव टू ब्रॉदर्स.	
स्नेहः क्या तुम्हारा बड़ा भाई विद्यार्थी है?	Sneh: Is your elder brother a student?
स्नेहः इज योअर एल्डर ब्रादर ए स्टूडेन्ट?	
सविताः नहीं, वह एक अध्यापक है।	Savita: No, he is a Teacher.
सविताः नो, ही इज ए टीचर.	
स्नेहः क्या दीपक ने तुम्हारी पुस्तकें लौटा दी हैं?	Sneh: Has Deepak returned your books?
स्नेहः हैज दीपक रिटर्नड योअर बुक्स?	
सविताः नहीं, उसने नहीं लौटाई हैं।	Savita: No, he has not returned them.
सविताः नो, ही हैज नॉट रिटर्नड दैम.	
स्नेहः क्या वह कल तुमसे बातें कर रहा था?	Sneh: Was he talking to you yesterday?
स्नेहः वाज ही टाकिंग टू यू यस्टरडे?	

सविताः हां, जब तुम उधर जा रही थीं।	Savita: When you were going to that side.
	सविताः व्हैन यू वर गोइंग टू दैट साइड.
स्नेहः क्या तुम कल कॉलेज आओगी?	Sneh: Will you come collage tommorow?
	स्नेहः विल यू कम कॉलेज टूमॉरो?
सविताः हाँ।	Savita: Yes.
	सविताः यैस.

Conversation in a Classroom
एक कक्षा में वार्तालाप

Hindi Sentences **हिन्दी वाक्य**	**English Sentences** **अंग्रेजी वाक्य**
अध्यापकः बच्चों, मैं यहां, भारत में प्रथम, सबसे बड़ा, सबसे लंबा, सबसे ऊँचा आदि सम्बन्धी आपके सभी सन्देहों को समाप्त करने के लिए उपस्थित हूँ। आप मुझसे प्रश्न पूछ सकते हैं।	Teacher: Children, here I am to remove all your doubts relating to the biggest, longest and highest in India. You may ask me questions.
	टीचरः चिल्ड्रन, हेयर आई एम टू रिमूव आल योअर डाउट्स रिलेटिंग टू द फर्स्ट, बिग्गेस्ट, लाँगेस्ट एंड हाईएस्ट इन इंडिया. यू मे आस्क मी क्वेश्चन्स.
शिल्पीः श्रीमान जी, भारत का सबसे बड़ा संग्रहालय कौन-सा है?	Shilpi: Sir, which is the largest museum in India?
	शिल्पीः सर विच इज द लार्जेस्ट म्यूजियम इन इंडिया?

अध्यापक: इंडिया म्यूजियम (कोलकाता)।

Teacher: India Museum Kolkata.

टीचर: इंडिया म्यूजियम कोलकाता.

अमित: भारत का सबसे लंबा बांध कौन-सा है?

Amit: Which is the longest Dam in India?

अमित: विच इज द लांगेस्ट डेम इन इंडिया?

अध्यापक: हीराकुड बांध (उड़ीसा)

Teacher: Hirakud Dam (Orissa).

टीचर: हीरा कुड डैम (औरीसा).

नेहा: भारत में सबसे ऊँची प्रतिमा कौन सी है?

Neha: Which is the Tallest Statue in India?

नेहा: विच इज द टालैस्ट स्टेच्यू इन इंडिया?

अध्यापक: ऋषभनाथ की प्रतिमा (मध्य प्रदेश में)

Teacher: Statue of Rishabhnath. (Madhya Pradesh)

टीचर: स्टेच्यू ऑफ ऋषभनाथ (मध्य प्रदेश)

रानी: भारत की सबसे लंबी नदी कौन-सी है?

Rani: Which is the longest river in India?

रानी: विच इज द लांगेस्ट रिवर इन इंडिया?

अध्यापक: गंगा

Teacher: The Ganges

टीचर: द गंगेज

रेनू: भारत का सर्वाधिक जनसंख्या वाला नगर कौन-सा है?

Renu: Which is the most populous city in India?

रेनू: विच इज द मोस्ट पापुलस सिटी इन इंडिया?

अध्यापक: कोलकाता

Teacher: Kolkata

टीचर: कोलकाता

नवीनः भारत में सबसे लंबा रेलवे पुल कौन-सा है?

Naveen: Which is the longest railway bridge in India?

नवीनः विच इज द लांगेस्ट रेलवे ब्रिज इन इंडिया?

अध्यापकः नेहरू सेतु (सोन नदी)

Teacher: Nehru Setu (River Sone)

टीचरः नेहरू सेतु (रिवर सोन)

ताराः भारत में सबसे बड़ा चिड़ियाघर कौन-सा है?

Tara: Which is the largest Zoo in India?

ताराः विच इज द लार्जेस्ट जू इन इंडिया?

अध्यापकः जूलोजिकल गार्डेन्स (कोलकाता)

Teacher: Zoological Gardens. (Kolkata)

टीचरः जूलॉजिकल गार्डेन्स (कोलकाता)

नवीनः भारत में सर्वाधिक क्षेत्रफल वाला राज्य कौन-सा है?

Naveen: Which state in India is the largest in Area?

नवीनः विच स्टेट इन इंडिया इज द लार्जेस्ट इन एरिया इंडिया?

अध्यापकः मध्य प्रदेश

Teacher: Madhya Pradesh.

टीचरः मध्य प्रदेश

सोनूः भारत में सबसे लंबी सुरंग कौन-सी है?

Sonu: Which is the largest tunnel in India?

सोनूः विच इज द लार्जेस्ट टनल इन इंडिया?

अध्यापकः जवाहर सुरंग (जम्मू एवं काश्मीर)

Teacher: Jawahar Tunnel (Jammu and Kashmir)

टीचरः जवाहर टनल (जम्मू एंड कश्मीर)

अनिलः भारत में सबसे बड़ा गुम्बज कौन-सा है?

अध्यापकः गोल गुम्बज (बीजापुर)

राधाः भारत में सबसे लंबी सड़क कौन-सी है?

अध्यापकः ग्रांड ट्रंक रोड

नेहाः भारत में सबसे लंबी झील कौन-सी है?

अध्यापकः वुलर झील (काश्मीर)

अध्यापकः अन्य कोई प्रश्न?

विद्यार्थीगणः नहीं श्रीमान, धन्यवाद।

Anil: Which is the largest dome in India?

अनिलः विच इज द लार्जेस्ट डो इन इंडिया?

Teacher: Gol Gumbaj. (Bijapur)

टीचरः गोल गुम्बज (बीजापुर)

Radha: Which is the longest Road in India?

राधाः विच इज द लांगेस्ट रोड इन इंडिया?

Teacher: Grannd Trunk Road.

टीचरः ग्रांड ट्रंक रोड

Neha: Which is the longest lake in India?

नेहाः विच इज द लांगेस्ट लेक इन इंडिया?

Teacher: Wular lake (Kashmir)

टीचरः वुलर लेक (कश्मीर)

Teacher: Any other question?

टीचरः एनी अदर क्वेश्चन?

Students: No sir, thank you.
tunnel in India?

स्टूडेन्ट्सः नो सर, थैंक यू.

<table>
<tr><td colspan="2" align="center">Conversation Between Two Friends
दो दोस्तों के बीच वार्तालाप</td></tr>
</table>

Hindi Sentences हिन्दी वाक्य	**English Sentences** अंग्रेजी वाक्य
अनिलः अरे सुभाष, तुम कैसे हो? तुक कल कहां थे?	Anil: Well Subhash, how are you? Where were you yesterday?
अनिलः वैल सुभाष, हाउ आर यू? व्हेयर वर यू यस्टरडे?	
सुभाषः मित्र, मैं ठीक हूँ। मैं कल घर पर नहीं था। आगरा में था।	Subhash: Friend, I am fine. I was no at home yesterday. I was at Agra.
सुभाषः फ्रैंड, आई एम फाइन, आई वाज नॉट एट होम यस्टरडे आई वाज एट आगरा।	
अनिलः तुम्हारे साथ और कौन था?	Anil: Who else was with you?
अनिलः हू एल्स वाज विद् यू?	
सुभाषः मैं अकेला ही था।	Subhash: I was alone.
सुभाषः आई वाज अलोन।	
अनिलः तुम्हारे परिवार के अन्य सदस्य तुम्हारे साथ क्यों नहीं थे?	Anil: Why were the members of your family not with you?
अनिलः क्वाई वर द मैम्बर्स ऑफ योअर फैमिली नॉट विद् यू?	
सुभाषः वे सभी व्यस्त थे।	Subhash: They were all busy.
सुभाषः दे वर आल बिजी।	
अनिलः क्या आगरा में तुम्हारे लिए विशेष काम था?	Anil: Was there some important piece of work for you in Agra?

सुभाष: हाँ! मेरी बहन का टेलीफोन आया था। मेरी भांजी बीमार थी।

अनिल: क्या वह घर पर ही थी?

सुभाष: नहीं वह अस्पताल में थी।

अनिल: अस्पताल में उसके पास कौन था?

सुभाष: उनकी एक पड़ोसिन वहां थी। वह भी हृदय-रोगी थी।

अनिल: यह तो और भी बुरी बात थी। क्या वह वहां ठहरने में असमर्थ थी?

सुभाष: हां वह असमर्थ तो थी, परन्तु वहां ठहरने के लिए तैयार थी।

अनिल: वाज देयर सम इम्पोर्टेन्ट पीस ऑफ वर्क फार यू इन आगरा?

Subhash: Yes, there was a ring from my sister, my niece was ill.

सुभाष: यस, देयर वाज ए रिंग फ्रॉम माई सिस्टर. माई नाइस वाज इल.

Anil: Was she at home?

अनिल: वाज शी एट होम?

Subhash: No, she was in the hospital?

सुभाष: नो, शी वाज इन द हॉस्पिटल.

Anil: Who was with her in the hospital.

अनिल: हू वाज विद् हर इन द हॉस्पिटल?

Subhash: One of their neighbours was there. She too was a heart patient.

सुभाष: वन ऑफ देयर, नेबर्स वाज देयर. शी टू वाज ए हार्ट पेशेन्ट.

Anil: It was doubly bad. Was she unable to stay there?

अनिल: इट वाज डबली बैड. वाज शी अनेबल टू स्टे देयर?

Subhash: Yes, she was unable but was ready to stay there.

अनिल: वह तो बड़ी नेक और दयालु होगी। उसके अपने बच्चे कहां थे?

Anil: She must be very Gentle and kind. Where were her own children?

अनिल: शी मस्ट बी वैरी जेन्टल एंड काइन्ड. व्हेयर वर हर ओन चिल्ड्रन?

सुभाष: वे मेरी बहन के घर पर थे। जब मैं वहां पहुँचा तो मेरी बहन रो रही थी।

Subhash: They were at my sister's home. When I reached there, my sister was in tears.

सुभाष: दे वर एट माई सिस्टरर्स होम. व्हेन आई रिच्ड देयर, माई सिस्टर वाज इन टीयर्स.

अनिल: मैं कल बिलकुल खाली था। मैं तुम्हारे घर आने ही वाला था।

Anil: I was quite free yesterday. I was about to come to your house.

अनिल: आई वाज क्वाइट फ्री यस्टरडे. आई वाज अबाउट टू कम टू योअर हाउस.

सुभाष: मेरे कमरे पर कल कोई भी नहीं था। उस पर ताला लगा हुआ था।

Subhash: Nobody was there at my room yesterday. It was locked from outside.

सुभाष: नोबडी वाज देयर एट माई रूम यस्टरडे. इट वाज लाक्ड फ्रॉम आउट साइड.

अनिल: तुम्हारी यात्रा कैसी रही?

Anil: How was your Journey?

अनिल: हाउ वाज योअर जर्नी?

सुभाष: यस शी वाज अनेबल बट वाज रेडी टू स्टे देयर.

सुभाष: यात्रा तो सुखद रही। परन्तु मैं दिन भर चिंतित रहा।

अनिल: सब सामान्य हो जाएगा।

सुभाष: आओ, मेरे कमरे पर चलें।

अनिल: फिर कभी आऊंगा। अब तो कार्यालय जाने का समय है। अलविदा।

Subhash: The Journey was pleasant but I was worried all day long.

सुभाष: द जर्नी वाज प्लेजेन्ट, बट आई वाज वरीड आल डे लांग.

Anil: Everything will come to normal.

अनिल: एवरीथिंग विल कम टू नार्मल.

Subhash: Come along, let us move to my room.

सुभाष: कम अलांग, लैट अस मूव टू माई रूम.

Anil: I shall visit you some-time. It is time to leave for office. Bye.

(19)

Letter Writing
पत्र-लेखन

Letter writing (पत्र-लेखन) एक कला है। संचार का महत्वपूर्ण साधन होने के कारण पत्र लेखन का हमारे दैनिक जीवन में अत्यधिक महत्व है।

अच्छे पत्र लेखन के लिए यह आवश्यक है कि

(i) पत्र संक्षिप्त तथा सारगर्भित हो

(ii) पत्र की भाषा सरल, बोधगम्य, अर्थपूर्ण तथा प्रभावशाली हो।

(iii) पत्र उद्देश्यपूर्ण हो।

(iv) पत्र में अनावश्यक तथ्यों को नहीं लिखना चाहिए।

(v) पत्र की शैली मोहक हो।

पत्र अनेक प्रकार के होते हैं, जैसेः Letters of Greetings (शुभकामना पत्र), Letters of Congratulation (बधाई पत्र), Letters for leave (अवकाश हेतु आवेदन पत्र), Letters of Invitation (आमंत्रण पत्र), Family Letters (पारिवारिक पत्र), Letters of Greetings (शुभकामना पत्र), Letters of condolence (संवेदना पत्र), Letters of thanks (धन्यवाद पत्र), Business letters (व्यवसायिक पत्र) आदि।

Some Sample Letters
कुछ नमूना-पत्र

Write a letter to your friend who has met with an accident.

Place ....
Date ....

My dear Ashok,

I am pained to learn that you have met with a severe accident. You have also received a minor head injury. Your right leg is in plaster. I shall visit you in the hospital ward next week. Please, keep up your spirits. In the meanwhile , I pray to God for your speedy recovery.

Your's Sincerely

....

Write a letter to your friend advising him to continue his studies.

Place............
Date............

My dear Ramesh,

I feel surprised to learn that you have discontinued your studies. The reason behind your decision is your parent's poverty. They are not in a position to pay the Board's Examination fee. My father has asked me to deposit your fee.

I advise you to continue your studies.

Your's Sincerely

....

Write an application to the principal of your school requesting him to grant you full fee concession.

To,

The Principal

....

....

....

Sir,

My father is a petty shopkeeper. His monthly income is quite meagre. He has to support a large family. He is unable to pay my school fee. Kindly grant me full fee concession and oblige.

Your's Obediently

....

Place.............

Date..............

Write an application to the principal of your school requesting him for school leaving certificate.

To,

The principal

....

....

....

Sir,

My father has been transferred to Delhi. Our family is shifting there next week. Threrfore, I cannot continue my studies at your school. Kindly issue me my school leaving certificate.

Your's Obediently

....

Place............

Date............

Write a letter to the registrar, Indira Gandhi National Open University, requesting him to send you a copy of the Prospectus.

To,

The Registrar

I G N O U

New Delhi

Place..........

Date............

Sir,

I have passed the Intermediate Examination. I am unable to seek admission in a college as regular student. Therefore, I intend to do B.A.(pass course) through correspondence from your university.

Please, send me a copy of the prospectus. A postal order worth Rs. 30/- is attached herewith.

Your's obediently

....

Address.........................

Write a letter to your friend describing a visit to places of historical interest.

Place..........

Date............

Dear Shanti,

We have returned from the historical tour. we visited many places of historical interest. we enjoyed the beauty of the Taj on the full moon night. We saw many historical buildings at Fatehpur Sikri.

We enjoyed the tour very much. Alongwith, we missed you all the time.

Your's sincerely

....

Write a letter to your father who is away from home telling him about the illness of your mother.

Place............

Date.............

My dear father,

Mummy had a very high temperature last week. All of us were much worried. She is under Dr. Agarwal's treatment. She has considerably improved now. I am managing the house properly.

We miss you a lot every time.

Your's affectionately

....

....

Write a letter to your younger brother advising him to leave bad company.

Place..........
Date...........

Dear Satish,

I am shocked to learn that you have shown poor performance in the terminal test.Your principal has reported that you have fallen in bad company. You have started smoking, gambling and pick-pocketing.

I would advise you to leave bad company and pay proper attention to your studies.

Your elder brother

....

Write a letter to the Post-Master of your area for change of address.

To,

    The Post-Master

      ....

Place..........
Date............

Sir,

We have changed our address from 355-L , Sain Colony to 317 Vijay Nagar Ghaziabad-201009.

Please, instruct your Postman to redirect our letters to our new address. Also make the necessary changes in your records and our passbooks.

Your's faithfully

....
....

Write an application to the Station Master, Delhi for reservation of berths in the train.

To,

    The Station Master
    New Delhi Railway Station   Place.............
    New Delhi   Date...............

Sir,

A party of twenty students of our school will leave for Lucknow on 29th instant on an educational tour.

Kindly reserve twenty berths in Lucknow mail for the above given date. The fee for reservation is being sent by crossed cheque.

Your's faithfully

....

....

Write a letter of encouragement to a friend on his failure in the Examination.

Place..........
Date............

Dear Vishal,

I was shocked to learn about your failure in the Examination. Do not take this painful experience to heart. Success and failure are the two aspects of life.

Continue your efforts. you will definitely achieve your goal next time.

Your's Sincerely

....

....

Write a letter of congratulation to a friend on winning a scholarship.

Place..........
Date............

Dear Amar,

Believe me, I was overjoyed to learn that you have won a scholarship. You have brought a fair name to your parents and school. I hope you will maintain your achievement.

Please accept my heartiest congratulations on your brilliant success.

Your's Sincerely

....

....

General Vocabulary
सामान्य शब्दकोश

Tools (औजार)		
Adze	एज	बसूला
Axe	एक्स	कुल्हाड़ी
Auger	ऑजर	बरमा
Bellows	बेल्लोज	माथी
Blow-pipe	ब्लो-पाइप	फुंकनी
Cold	कॉल्ड	छैनी
Drill	ड्रिल	बरमी
File	फाइल	रेती
Hammer	हेमर	हथौड़ी
Lancet	लेन्सेट	नश्तर
Loom	लूम	करघा
Nut	नट	ढिबरी
Oilmill	ऑयल मिल	कोल्हू
Razor	रेजर	उस्तरा
Saw	सॉ	आरी
Scissors	सीजर्स	कैंची
Screw	स्क्रू	पेंच
Spade	स्पेड	फावड़ा
Trowel	ट्रावेल	करनी (कन्नी)
Vice	वाइस	बाँक

Conditions of the Body and Ailments
(कंडीशन्स ऑफ द बॉडी एंड ऐलमेन्ट्स)
शरीर की अवस्थाएं एवं रोग

Acidity	एसिडिटी	अम्लपित्त
Anaemia	एनीमिया	रक्त की कमी
Asthma	अस्थमा	दमा
Blindness	ब्लाइन्डनेस	अंधापन
Bronchitis	ब्रांकाइटिस	श्वास नली की सूजन
Conjunctivitis	कंजक्टीवाइटिस	आँख आना
Constipation	कंस्टीपेशन	कब्ज
Consumption	कंजम्पशन	क्षय रोग
Cough	कफ	खांसी
Cataract	केटरेक्ट	मोतियाबिंद
Cholera	कॉलरा	हैजा
Diarrhoea	डायरिया	अतिसार
Dumb	डम्	गूंगा
Deaf	डेफ	बहरा
Dysentry	डिसेन्टरि	पेचिश
Diabetes	डायबिटीज	मधुमेह
Epilepsy	ऍपिलेप्सि	मिर्गी
Fever	फीवर	ज्वर
Gout	गाऊट	गठिया
Hernia	हर्निया	आंत रोग
Hoarseness	हॉर्सनेस	गला बैठना
Haemorrhage	हेमरेज	रक्त बहना
Headache	हेडएक	सिरदर्द
Hiccup	हिक्कप	हिचकी
Influenza	इंफ्लूएंजा	एक प्रकार का ज्वर
Indigestion	इन्डाइजेशन	बदहजमी

Insomnia	इन्सोम्निया	अनिद्रा
Jaundice	जांडिस	पीलिया
Lameness	लेमनेस	लंगड़ापन
Leprosy	लेप्रोसी	कुष्ठरोग
Madness	मैडनेस	पागलपन
One eyed	वन आइड	काना
Obesity	ऑबेसिटी	मोटापा
Paralysis	पैरालिसिस	लकवा
Pneumonia	न्यूमोनिया	फेफड़ो की सूजन
Pus	पस	मवाद
Pimple	पिम्पल	फुंसी
Phlem	फ्लेम	बलगम
Piles	पाइल्स	बवासीर
Rheumatism	रियूमटिज्म	गठिया
Ringworm	रिंगवर्म	दाद
Short Sight	शार्ट साइट	अल्पदृष्टि
Syphilis	सिफलिस	आतशक
Squint-eyed	स्किवंट आईड	भेंगा
Stone	स्टोन	पथरी
Sore eye	सोर आई	दुःखती आँख
Saliva	सलाइवा	लार
Spittle	स्पिटल	थूक
Small pox	स्माल पॉक्स	चेचक
Tumour	ट्यूमर	गांठ
Wound	वून्ड	घाव
Vomitting	वोमिटिंग	उल्टी

Names of Eatables
खाद्य-पदार्थों के नाम

| Beaten Rice | बीटन राइस | चिड़वा |
| Butter | बटर | मक्खन |

Broth	ब्राथ	शोरबा
Biscuit	बिस्किट	बिस्कुट
Bread	ब्रेड	रोटी
Cheese	चीज	पनीर
Cake	केक	मीठी रोटी
Clarified Butter	क्लेरीफाइड बटर	घी
Coffee	कॉफी	कॉफी
Cream	क्रीम	मलाई
Curry	करी	कढ़ी
Flesh	फ्लेश	कच्चा गोश्त
Flour	फ्लार	आटा, मैदा
Honey	हनी	शहद
Jaggery	जैगरी	गुड़
Jam	जैम	मुरब्बा
Jelly	जैली	फल का मुरब्बा
Mint	मिंट	पोदीना
Milk	मिल्क	दूध
Oil	ऑयल	तेल
Pickle	पिकल	अचार
Roast	रोस्ट	कबाब
Sugar	शुगर	चीनी
Sugarcane	शुगरकेन	गन्ना
Soup	सूप	सूप
Juice	जूस	फलों का रस
Sour Milk	साअर मिल्क	मट्ठा
Sugar Candy	शुगर कैंडी	मिश्री
Sweet	स्वीट	मिठाई
Tea	टी	चाय
Vegetable	वेजीटेबिल	हरी सब्जी

Names of Colours
रंगों के नाम

Black	ब्लैक	काला
Brown	ब्राउन	भूरा
Blue	ब्लू	नीला
Blue-Black	ब्लू-ब्लैक	नीला स्याह
Crimson	क्रिमसन	खूनी रंग
Gray	ग्रे	खाकी
Green	ग्रीन	हरा
Jet Black	जेट ब्लैक	काला स्याह
Maroon	मैरून	भूरा लाल
Orange	ऑरेन्ज	संतरी
Pink	पिंक	गुलाबी
Purple	पर्पल	जामनी
Rosy	रोजी	गुलाबी
Scarlet	स्कार्लेट	सिंदूरी
Violet	वाइलेट	बैंगनी
White	व्हाइट	सफेद
Yellow	यॅलो	पीला

Names of the Days of the Week
सप्ताह के दिनों के नाम

Sunday	सन्डे	रविवार
Monday	मन्डे	सोमवार
Tuesday	ट्यूजडे	मंगलवार
Wednesday	वेडनसडे	बुधवार
Thursday	थर्सडे	बृहस्पतिवार
Friday	फ्राइडे	शुक्रवार
Saturday	सैटर्डे	शनिवार

Names of the Months of the Year
वर्ष के महीनों के नाम

January	जैनुअरी	जनवरी
February	फैब्रुअरी	फरवरी
March	मार्च	मार्च
April	एप्रिल	अप्रैल
May	मे	मई
June	जून	जून
July	जुलाई	जुलाई
August	ऑगस्ट	अगस्त
September	सेप्टेम्बर	सितम्बर
October	ऑक्टोबर	अक्तूबर
November	नॉवेम्बर	नवम्बर
December	डिसेम्बर	दिसम्बर

Names of Flowers
फूलों के नाम

Crysanthemum	क्रीस्आनथेमम्	गुलदाउदी
Daisy	डेजी	गुलबहार
Jasmine	जैस्मिन	चमेली
Lotus	लोटस	कमल
Lily	लिलि	कुमुदिनी
Marigold	मेरीगोल्ड	गेंदा
Magnolia	मेगनोलिया	चम्पा
Rose	रोज	गुलाब
Sunflower	सनफ्लावर	सूरजमुखी
Touch Me Not	टच मी नॉट	छुईमुई
Tulip	ट्यूलिप	कन्द-पुष्प

Names of Fruits
फलों के नाम

Apple	एप्पल	सेब
Almond	आल्मंड	बादाम
Appricot	ऐपरीकॉट	खुमानी
Banana	बनाना	केला
Blackberry	ब्लैकबेरी	जामुन
Citron	सॉयट्रान	चकोतरा
Pear	पीयर	नाशपाती
Pomegranate	पोमीग्रेनैट	अनार
Papaya	पपाया	पपीता
Muskmelon	मस्कमेलन	खरबूजा
Mulberry	मलबैरी	शहतूत
Orange	ऑरेन्ज	संतरा, नांरगी
Guava	ग्वावा	अमरूद
Grape	ग्रेप	अंगूर
Peach	पीच	आड़ू
Plum	प्लम	अलूचा
Strawberry	स्ट्राबेरी	लीची
Loquat	लोक्वेट	लोकाट
Date	डेट	खजूर
Groundnut	ग्राउण्डनट	मूंगफली
Pineapple	पाइनएप्पल	अनानास
Fig	फिग	अंजीर
Pistachio	पिस्टाशियो	पिस्ता
Mango	मैंगो	आम
Water Chestnut	वाटर चेस्टनट	सिंघाड़ा
Watermelon	वाटरमेलन	तरबूज

Names of Plants and Trees
पौधों और वृक्षों के नाम

Acacia	अकेशिया	बबूल
Bamboo	बैम्बू	बांस
Banyan	बनयान	बड़
Palm	पाम	ताड़
Pine	पाइन	चीड़
Teak	टीक	सागवान
Tamarind	टेमेरिंड	इमली
Mulberry	मलबरी	शहतूत
Oak	ऑक	बलूत
Cedar	सिडार	देवदार
Margosa	मारगोसा	नीम
Cactus	केक्टस	सेहुड़
Cane	केन	बेंत
Grass	ग्रास	घास
Indigo	इंडिगो	नील
Tobacco	टोबाको	तम्बाकू

Parts of Trees
वृक्षों के भागों के नाम

Bark	बार्क	छाल
Bud	बड	कली
Branch	ब्रांच	शाखा
Bulb	बल्ब	कंद
Flower	फ्लावर	फूल
Germ	जर्म	अंकुर
Graft	ग्राफ्ट	कलम
Gum	गम	गोंद

Juice	जूस	रस
Leaf	लीफ	पत्ता
Pollen	पोलन	पराग
Petal	पैटल	पंखुड़ी
Root	रूट	जड़
Stem	स्टैम	तना
Stone	स्टोन	गुठली
Seed	सीड	बीज
Skin	स्किन	छिलका
Thorn	थार्न	कांटा
Twig	ट्विग	टहनी
Wood	वुड	लकड़ी

Names of Vegetables
सब्जियों के नाम

Arum	आरूम	अरबी
Brinjal	ब्रिन्जल	बैंगन
Cabbage	कैबेज	बन्द गोभी
Carrot	कैरट	गाजर
Cauliflower	कालीफ्लॉवर	फूल गोभी
Coriander	कॉरिएंडर	धनिया
Cucumber	क्यूक्म्बर	खीरा, ककड़ी
Gourd	गोर्ड	लौकी
Garlic	गार्लिक	लहसुन
Ginger	जींजर	अदरक
Gooseberry	गूजबेरी	करौंदा
Lady Finger	लेडी-फिंगर	भिंडी
Lemon	लेमन	नींबू
Jackfruit	जैक फ्रूट	कटहल
Mint	मिंट	पुदीना

Onion	अन्यन	प्याज
Peas	पीस	मटर
Potato	पोटेटो	आलू
Pumpkin	पम्पकिन	कद्दू
Raddish	रैडिश	मूली
Spinach	स्पिनाक	पालक
Tamrind	टैमरिंड	इमली
Tomato	टोमैटो	टमाटर
Turnip	टर्निप	शलजम
Yam	याम	कचालू

Names of Spices
मसालों के नाम

Aniseed	ऐनीसीड	सौंफ
Black Pepper	ब्लैक पीपर	काली मिर्च
Cardamom	कार्डमम	इलायची
Cassia	कैसिया	तेजपात
Cinnamon	सिन्नामन	दालचीनी
Cloves	क्लोव्ज	लौंग
Chilli	चिल्ली	लाल मिर्च
Coriander-seed	कॉरिएन्डर सीड	धनिया
Cumin-seed	क्यूमिन सीड	जीरा
Kings cumin	किंग्स-क्यूमिन	अजवायन
Salt	साल्ट	नमक
Turmeric	टरमेरिक	हल्दी

Names of Parts of Body
शरीर के अंगों के नाम

| Ankle | एंकल | टखना |
| Arm | आर्म | बाजू |

Armpit	आर्मपिट	बगल
Back	बैक	पीठ
Backbone	बैकबोन	रीढ़ की हड्डी
Beard	बीअर्ड	दाढ़ी
Belly	बेली	पेट
Blood	ब्लड	रक्त
Brain	ब्रेन	दिमाग
Breast	ब्रेस्ट	स्त्री की छाती
Chest	चेस्ट	पुरुष की छाती
Calf	काफ	पिंडली
Cheeks	चीक्स	गाल
Collar bone	कॉलर बोन	हंसली
Ear	ईअर	कान
Eardrum	ईअर ड्रम	कान का पर्दा
Elbow	एल्बो	कोहनी
Eye	आई	आँख
Eyeball	आईबॉल	आँख की पुतली
Eyebrow	आई ब्रो	भौंह
Eyelid	आईलिड	पलक
Eyelash	आईलैश	बरौनी
Face	फेस	चेहरा
Finger	फिंगर	उंगली
Fist	फिस्ट	मुट्ठी
Foot	फुट	पैर
Forehead	फोरहैड	माथा
Gullet	गल्लेट	हलक
Gum	गम	मसूड़ा
Hair	हेयर	बाल
Hand	हैंड	हाथ
Head	हैड	सिर

Heart	हार्ट	दिल
Heel	हील	एड़ी
Intestine	इन्टेस्टाइन	आंत
Jaw	जॉ	जबड़ा
Joint	ज्वाइन्ट	जोड़
Kidney	किडनी	गुर्दा
Knee	नी	घुटना
Lap	लैप	गोद
Leg	लैग	टांग
Liver	लिवर	जिगर
Lip	लिप	होंठ
Lung	लंग	फेफड़ा
Mole	मोल	तिल
Mouth	माउथ	मुँह
Nail	नेल	नाखून
Navel	नेवेल	नाभि
Neck	नेक	गर्दन
Nerve	नर्व	रग
Nostrils	नास्ट्रिल्स	नथुना
Nose	नोज	नाक
Palm	पाम	हथेली
Palate	पैलेट	तालू
Pore	पोर	रोमछिद्र
Pulse	पल्स	नब्ज
Rib	रिब	पसली
Shoulder	शोल्डर	कंधा
Skull	स्कल	खोपड़ी
Sole	सोल	तलवा
Spleen	स्पलीन	तिल्ली
Stomach	स्टमक	पेट

Teat	टीट	स्तन
Temple	टैम्पल	कनपटी
Thigh	थाई	जांघ
Throat	थ्रोट	गला
Thumb	थम्ब	अंगूठा
Toe	टो	पांव
Tongue	टंग	जीभ
Tooth	टूथ	दांत
Vein	वेन	नस
Waist	वेस्ट	कमर
Wrist	रिस्ट	कलाई

Relations (सम्बन्धी)

Aunt	आंट	मौसी, चाची, बुआ
Brother	ब्रदर	भाई
Brother in Law	ब्रदर इन लॉ	देवर, साला, बहनोई
Cousin	कजिन	चचेरा व ममेरा भाई/बहन
Daughter	डॉटर	पुत्री
Daughter in Law	डॉटर इन लॉ	पुत्रवधू
Father	फादर	पिता
Father in Law	फादर इन लॉ	ससुर
Grand Father	ग्रांड फादर	दादा, नाना
Grand Mother	ग्रांड मदर	दादी, नानी
Grand Daughter	ग्रांड डॉटर	पोती, धेवती
Grand Son	ग्रांड सन	पोता, धेवता
Husband	हस्बैंड	पति
Maternal Uncle	मैटर्नल अंकल	मामा
Maternal Aunt	मैटर्नल आंट	मामी
Mother	मदर	माता
Mother in Law	मदर इन लॉ	सास

Niece	नीस	भतीजी, भांजी
Nephew	नैफ्यू	भतीजा, भांजा
Pupil	प्युपिल	छात्र, शिष्य
Relative	रिलेटिव	सम्बन्धी
Sister	सिस्टर	बहन
Sister in Law	सिस्टर इन लॉ	साली, ननद
Step Father	स्टेप फादर	सौतेला पिता
Step Mother	स्टेप मदर	सौतेली माता
Step Brother	स्टेप ब्रदर	सौतेला भाई
Step Sister	स्टेप सिस्टर	सौतेली बहन
Step Daughter	स्टेप डॉटर	सौतेली पुत्री
Step Son	स्टेप सन	सौतेला पुत्र
Son in Law	सन इन लॉ	दामाद
Uncle	अंकल	चाचा, फूफा, मौसा
Wife	वाईफ	पत्नी

Time-denoting Words
समय-सूचक शब्द

Morning	मार्निंग	प्रातः
Dawn	डॉन	उषाकाल
Noon	नून	दोपहर
Afternoon	आफ्टरनून	दोपहर बाद
Evening	इवनिंग	शाम
Dusk	डस्क	गोधूलि समय
Night	नाइट	रात
Midnight	मिडनाइट	आधी रात
Second	सैकण्ड	सैकण्ड
Minute	मिनट	मिनट
Hour	ऑवर	घंटा
Day	डे	दिन

Week	वीक	सप्ताह
Fortnight	फोर्टनाइट	पखवाड़ा
Month	मंथ	महीना
Year	ईयर	साल
Today	टुडे	आज
Tonight	टुनाइट	आज की रात
Yesterday	यस्टरडे	बीता हुआ कल
Tomorrow	टुमॉरो	आने वाला कल
Century	सेंचुरी	शताब्दी, सौ वर्ष का समय

Names of Animals
पशुओं के नाम

Ass	ऍस	गधा
Ape	ऐप	लंगूर
Bitch	बिच	कुतिया
Buffalo	बफैलो	भैंस
Bull	बुल	सांड
Bison	बाइसन	भैंसा
Bear	बियर	भालू
Calf	कॉफ	बछड़ा
Cat	कैट	बिल्ली
Camel	कैमल	ऊंट
Cow	कॉउ	गाय
Deer	डीयर	हिरण
Dog	डॉग	कुत्ता
Elephant	एलीफेन्ट	हाथी
Fox	फॉक्स	लोमड़ी
Goat	गॉट	बकरी
Hare	हेयर	खरगोश
He-goat	ही-गॉट	बकरा

Horse	हार्स	घोड़ा
Jackal	जैकाल	गीदड़
Kitten	किटन	बिल्ली का बच्चा
Lamb	लैंब	मेमना
Lion	लायन	शेर
Mare	मेयर	घोड़ी
Monkey	मंकी	बन्दर
Mouse	माउस	चूहा
Mule	म्यूल	खच्चर
Pig	पिग	सूअर
Ox	ऑक्स	बैल
Rabbit	रैबिट	खरगोश
Panther	पैंथर	चीता
Sheep	शीप	भेड़
She-goat	शी-गॉट	बकरी
Stag	स्टैग	बारहसिंगा
Tiger	टाइगर	बाघ
Tortoise	टारटायस	कछुआ
Wolf	वुल्फ	भेड़िया
Zebra	जेबरा	धारीदार गधा

Names of Birds
पक्षियों के नाम

Bat	बैट	चमगादड़
Chicken	चिकन	चूजा
Cock	कॉक	मुर्गा
Crane	क्रेन	सारस
Crow	क्रो	कौआ
Cuckoo	कुक्कू	कोयल
Duck	डक	बत्तख

Dove	डोव	फाख्ता
Eagle	ईगल	गरुड़
Falcon	फैल्कन	बाज
Goose	गूज	कलहंस
Hawk	हॉक	मुसैचा
Hen	हैन	मुर्गी
Kite	काइट	चील
Magpie	मैगपाई	नीलकंठ
Ostrich	ऑसट्रिच	शुतुरमुर्ग
Owl	आउल	उल्लू
Nightingale	नाइटिंगगेल	कोयल (बुलबुल)
Parrot	पैरट	तोता
Partridge	पार्टरिज	तीतर
Peacock	पीकॉक	मोर
Peahen	पीहैन	मोरनी
Pigeon	पिजन	कबूतर
Quail	क्वेल	बटेर
Swan	स्वैन	हंस
Woodpecker	वुडपैकर	कठफोड़वा
Valture	वल्चर	गिद्ध

Buildings and their parts
भवन और उनके भाग

Arch	आर्च	मेहराब
Bedroom	बैडरुम	शयनकक्ष
Bathroom	बाथरुम	स्नानघर
Court Yard	कोर्ट यार्ड	आंगन
Cottage	कॉटेज	झोंपड़ी, कुटी
Ceiling	सीलिंग	छत
Dome	डॉम	गुम्बद

Door	डोर	द्वार
Door-sill	डोरसिल	दहलीज
Foundation	फाउन्डेशन	नींव
Floor	फ्लोर	फर्श, मंजिल
Granary	ग्रेनेरी	अनाज रखने का स्थान
Gallery	गैलरी	गलियारा
Gutter	गटर	परनाला
Hearth	हर्थ	अंगीठी
Lattice	लैटिस	जाली
Latrine	लैट्रीन	शौचालय
Peg	पैग	खूंटी
Peep hole	पीप होल	झरोखा
Plinth	प्लिंथ	दीवार आदि की कुर्सी
Portico	पोर्टिको	बरसाती
Roof	रूफ	छत
Storey	स्टोरी	मंजिल
Stair	स्टेयर	सीढ़ी
Ventilator	वेंटीलेटर	रोशनदान
Window	विंडो	खिड़की

Household Articles
घरेलू वस्तुएं

Almirah	एलमीरा	अल्मारी
Axe	एक्स	कुल्हाड़ी
Bed	बेड	पलंग
Bedsheet	बेडशीट	चादर
Bench	बेंच	बेंच
Box	बॉक्स	डिब्बा, संदूक
Basket	बॉस्केट	टोकरी
Broom	ब्रूम	झाड़ू

Bottle	बॉटल	बोतल
Bucket	बकिट	बाल्टी
Bowl	बाउल	कटोरा
Comb	कॉम्ब	कंघा
Chair	चेयर	कुर्सी
Cot	कॉट	चारपाई
Candle	कैंडल	मोमबत्ती
Canister	कैनिस्टर	कनस्तर
Desk	डेस्क	डेस्क
Doormat	डोरमैट	पायदान
Dish	डिश	तश्तरी
Fork	फोर्क	कांटा
Flower-vase	फ्लॉवर-वेस	फूलदान
Funnel	फनल	कीप
Hearth	हर्थ	अंगीठी
Jar	जार	मर्तबान
Key	की	चाबी
Lid	लिड	ढक्कन
Lock	लॉक	ताला
Lamp	लैम्प	दीपक
Mat	मैट	चटाई
Match box	मैच बॉक्स	माचिस
Mirror	मिरर	दर्पण
Needle	नीडल	सूई
Phial	फाइअल	शीशी
Pitcher	पिचर	घड़ा
Pillow	पिल्लो	तकिया
Pot	पॉट	बर्तन
Plate	प्लेट	थाली
Rope	रोप	रस्सी

Sack	सैक	बोरा
Safe	सेफ	तिजोरी
Soap-case	सोप केस	साबुनदानी
Stove	स्टोव	स्टोव
Stick	स्टिक	छड़ी
Sieve	सीव	छलनी
Spoon	स्पून	चम्मच
Tap	टैप	नल
Tumbler	टम्बलर	गिलास
Table	टेबल	मेज
Tongs	टांग्स	चिमटा
Tray	ट्रे	ट्रे
Umbrella	अम्ब्रेला	छतरी

Medicines
दवाएं

Asafoetida	एसाफिटिडा	हींग
Aloes	अलोज	अगर
Amber	अम्बर	अम्बर
Alum	एलम	फिटकरी
Borax	बोरैक्स	सुहागा
Betal nut	बीटल नट	सुपारी
Benzoin	बेनजॉइन	लोबान
Basil	बेजिल	तुलसी
Catechu	कटिचू	कत्था
Camphor	कॅम्फर	कपूर
Copper Sulphate	कॉपर सल्फेट	तूतिया
Cassia	काशया	तेजपात
Chrome alum	क्राम एलम	लाल फिटकरी
Dry-Ginger	ड्राई-जिंजर	सोंठ

Ginger	जिंजर	अदरक
Myrobalan	माइरोबालन	हरड़
Mace	मेस	जावित्री
Musk	मस्क	कस्तूरी
Nutmeg	नटमेग	जायफल
Opium	ओपियम	अफीम
Ruddle	रुडुल	गेरू
Saffron	सेफ्रान	केशर
Sandal	सन्दल	चन्दन
Soap nut	सोप नट	रीठा
Sago	सैगो	साबुदाना
Vinegar	विनेगर	सिरका
Yeast	यीस्ट	खमीर

Musical Instruments
संगीत सम्बन्धी यंत्र

Banjo	बैंजो	बैंजो
Beg-Pipe	बैग पाइप	मशक बाजा
Bugle-clarionet	बगिल क्लैरियनैट	शहनाई
Cymbol	सिम्बल	झांझ
Conch	कांच	शंख
Drum	ड्रम	नगाड़ा, ढोल
Drumlet	ड्रमलैट	डुगडुगी
Flute	फ्ल्यूट	बांसुरी
Guitar	गिटार	गिटार
Harmonium	हारमोनियम	हारमोनियम
Harp	हार्प	सारंगी
Tom-Tom	टॉम-टॉम	ढोलक

Uniforms and Dresses
परिधान

Belt	बैल्ट	पेटी
Blouse	ब्लाउज	ब्लाउज
Briefs	ब्रीफ्स	कच्छी
Cap	कैप	टोपी
Coat	कोट	कोट
Frock	फ्राक	फ्राक
Gloves	ग्लोव्स	दस्ताने
Hat	हैट	टोप
Handkerchief	हैंडकरचीफ	रूमाल
Muffler	मफलर	मफलर
Neck-tie	नेक टाई	टाई
Pants	पैन्ट्स	पतलून
Shirt	शर्ट	कमीज, कुरता
Sweater	स्वीटर	स्वैटर
Shorts	शार्ट्स	निकर
Socks	सॉक्स	जुराबें
Stockings	स्टाकिंग्स	बड़ी जुराबें
Saree	सारी	साड़ी
Shoes	शूज	जूते
Trousers	ट्राउजर्स	पतलून, पजामा
Underwear	अंडरवीयर	कच्छा
Vest	वेस्ट	बनियान

Names of Metals
धातुओं के नाम

Aluminium	एल्यूमिनियम	एल्यूमिनियम
Brass	ब्रास	पीतल

Bronze	ब्रांज	कांसा
Copper	कॉपर	ताँबा
Gold	गोल्ड	सोना
Iron	आयरन	लोहा
Lead	लैड	सीसा
Silver	सिल्वर	चाँदी
Steel	स्टील	इस्पात
Tin	टिन	रांगा

Names of Minerals
खनिजों के नाम

Arsenic	आरसेनिक	संखिया
Antimony	अन्टीमनि	सुरमा
Bell Metal	बैल मैटल	कांसा
Bitumen	बिट्यूमेन	शिलाजीत
Cornelian	कॉर्निलियन	अकीक
Coal	कोल	कोयला
Charcoal	चारकोल	लकड़ी का कोयला
Chalk	चाक	खड़िया
Cinnabar	सिन्नाबार	सिंगरफ
Emery	एमरि	कुरुन
Flint	फ्लिंट	चकमक पत्थर
Lead	लैड	सीसा
Marble	मार्बल	संगमरमर
Mica	माइका	अभ्रक
Mercury	मर्क्युरी	पारा
Sulphur	सल्फर	गन्धक
Touchstone	टचस्टोन	कसौटी
Vermilion	वर्मिलयन	सिन्दूर
White Lead	व्हाइट लैड	सफेदा
Zinc	जिंक	जस्ता

Professionals (व्यवसायी गण)

Actor	एक्टर	अभिनेता
Artist	आर्टिस्ट	कलाकार
Author	ऑथर	लेखक
Accountant	एकाउन्टेंट	लेखापाल
Blacksmith	ब्लैकस्मिथ	लुहार
Barbar	बारबर	नाई
Broker	ब्रोकर	दलाल
Carpenter	कारपेन्टर	बढ़ई
Chemist	कैमिस्ट	दवाई विक्रेता
Clerk	क्लर्क	मुंशी
Cook	कुक	रसोइया
Confectioner	कन्फेक्शनर	हलवाई
Cobbler	काबलर	मोची
Druggist	ड्रगिस्ट	दवा-विक्रेता
Editor	एडिटर	सम्पादक
Farmer	फार्मर	किसान
Gardener	गार्डनर	माली
Goldsmith	गोल्डस्मिथ	सुनार
Manager	मैनेजर	प्रबन्धक
Potter	पौटर	कुम्हार
Parcher	पारचर	भड़भूजा
Physician	फिजीशियन	चिकित्सक
Printer	प्रिंटर	मुद्रक
Publisher	पब्लिशर	प्रकाशक
Sailor	सेलर	नाविक
Shopkeeper	शॉपकीपर	दुकानदार
Sweeper	स्वीपर	सफाईकर्मी
Tailor	टेलर	दर्जी
Teacher	टीचर	अध्यापक

| Washerman | वाशरमैन | धोबी |
| Weaver | वीवर | जुलाहा |

Cereals (खाद्यान्न)

Barley	बार्ले	जौ
Gram	ग्रैम	चना
Kidney bean	किडनी बीन	मूंग
Lentil	लेंटिल	मसूर
Maize	मैज	मक्का
Millet	मिल्लेट	बाजरा
Mustard	मस्टर्ड	सरसों
Oat	ओट	जई
Paddy	पैडी	धान
Pulse	पल्स	दाल
Rice	राइस	चावल
Wheat	व्हीट	गेंहू

Items of Stationery (स्टेशनरी की वस्तुएं)

Blotting paper	ब्लाटिंग पेपर	स्याही सोख्ता
Book	बुक	पुस्तक
Carbon paper	कार्बन पेपर	कार्बन पेपर
Card board	कार्ड बोर्ड	गत्ता
Copying pencil	कापिंग पेंसिल	कापिंग पेंसिल
Crayon	क्रेयन	खड़िया पेंसिल
Exercise Book	एक्सरसाइज बुक	अभ्यास पुस्तिका
File	फाइल	फाइल
Gum	गम	गौंद
Inkpot	इंकपोट	दवात
Map	मैप	नक्शा
Nib	निब	कलम की नोंक

Paper	पेपर	कागज
Pen	पैन	कलम
Pencil	पैंसिल	पैंसिल
Paper weight	पेपरवेट	कागजदाब
Pin	पिन	आलपिन
Pin cushion	पिन कुशन	आलपिनदानी
Register	रजिस्टर	रजिस्टर
Eraser	रबर	रबड़
Sharpener	शार्पनर	पैंसिल छीलने वाला यंत्र
Slate	स्लेट	स्लेट
Tag	टैग	टैग
Tape	टेप	फीता
Scale	स्केल	पैमाना
Writing pad	राइटिगं पैड	लिखेन का पैड

Ornaments and Jewels
आभूषण और जेवरात

Armlet	आर्मलेट	बाजूबंद
Bangle	बैंगल	कड़ा, चूड़ी
Bracelet	ब्रेसलेट	कंगन
Clip	क्लिप	चिमटी
Coral	कोरल	मूंगा
Diamond	डायमंड	हीरा
Emerald	एमरल्ड	पन्ना
Hairpin	हेयरपिन	कांटा (बालों का)
Garland	गार्लैन्ड	माला
Necklace	नैकलेस	हार
Nose Ring	नोज रिंग	नथ
Pearl	पर्ल	मोती
Quartz	क्वार्ट्ज	बिल्लौर

Ring	रिंग	अंगूठी
Ruby	रूबी	मरकत मणि
Sapphire	सैफायर	नीलम
Topaz	टोपाज	पुखराज

Worms, Insects and Reptiles (कीड़े-मकोड़े)

Bug	बग	खटमल
Bee	बी	मधुमक्खी
Beetle	बीटल	गुबरैला
Cobra	कोबरा	नाग
Crocodile	क्रॉकोडाइल	मगरमच्छ
Earthworm	अर्थवॉर्म	केंचुआ
Flea	फ्ली	पिस्सू
Fly	फ्लाई	मक्खी
Fish	फिश	मछली
Frog	फ्राग	मेंढक
Glow worm	ग्लोवॉर्म	जुगनू
Grasshopper	ग्रासहॉपर	टिड्डा
Lizard	लिजार्ड	छिपकली
Lice	लाइस	जूं
Leech	लीच	जोंक
Mosquito	मॉस्कीटो	मच्छर
Locust	लोकस्ट	टिड्डी
Nit	निट	लीख
Scorpion	स्कार्पियन	बिच्छू
Spider	स्पाइडर	मकड़ी
Silk worm	सिल्कवार्म	रेशम का कीड़ा
Snake	स्नेक	सांप
Tadpole	टेडपोल	मेंढक का बच्चा
Wasp	वास्प	ततैया

21
Dictionary
शब्दकोश

A

Aback	अबैक	पीछे
Abandon	अबैन्डन	बेसहारा छोड़ देना
Abask	एबैस्क	गर्म प्रकाश या धूप में
Abate	एबेट	कम करना
Abbot	एबॉट	मठाधिकारी
Abbreviate	अबब्रीविएट	संक्षिप्त करना
Abduct	एडक्ट	अपहरण करना
Abed	एबेड	बिस्तर पर
Abet	एबेट	उकसाना
Abhor	एब्हूोर	घृणा करना
Abide	एबाइड	पालन करना
Ablaze	एब्लेज	जलता हुआ
Abnegate	एबनिगेट	परहेज करना
Abnormal	एबनार्मल	असामान्य
Abode	एबोड	निवास
Abolish	एबलिश	समाप्त करना
Abound	एबाउन्ड	अधिकता में होना
Above	एबव	ऊपर
Abroad	एब्राड	चारों ओर, घर से बाहर
Abscond	एब्सकंड	फरार हो जाना
Absentee	एब्सेंटी	अनुपस्थित व्यक्ति
Absolute	एब्सॉल्यूट	सम्पूर्ण

Absorb	एब्सार्ब	तल्लीन, सोखना
Abstain	एबस्टेन	परहेज करना, बचे रहना
Absurd	एब्सर्ड	असंगत, मूर्खतापूर्ण
Abundant	एबन्डेन्ट	प्रचुर, अधिक
Abuse	एब्यूज	गाली देना, दुरुपयोग करना
Academy	एकाडेमी	विद्यालय
Accede	एस्सीड	स्वीकार करना
Accelerate	एक्सेलरेट	गति बढ़ाना
Accept	एक्सेप्ट	स्वीकार करना
Access	एक्सेस	पहुँच, प्रवेश
Accident	एक्सीडेन्ट	दुर्घटना, संयोग
Accommodate	एकामोडेट	अनुकूल बनाना
Accompany	एकंपनी	साथ देना
Accomplice	एकम्पलिस	सह अपराधी
Accord	एक्कार्ड	मेल में होना या करना
Accordingly	एक्कार्डिंगली	तदनुसार
Account	एक्काउन्ट	गणना, खाता
Accuracy	एक्युरेसी	यथार्थता
Accursed	एक्कर्सड	अभिशप्त, अभागा
Acetic	एसिटिक	सिरका सम्बन्धी
Ache	ऍक	पीड़ा या दर्द
Acid	एसिड	तेजाब, अम्ल पदार्थ
Acquaint	एक्वेंट	परिचय कराना
Acquire	एक्वॉयर	प्राप्त करना, अधिकार में करना
Acquit	एक्विट	अपराध या अभियोग से मुक्त करना
Acre	एकर	एकड़
Acrobat	एक्रोबैट	नट
Acting	एक्टिंग	अभिनय
Active	एक्टिव	सक्रिय, चंचल, कर्मठ
Actor	एक्टर	अभिनेता
Actual	एकचुअल	यथार्थ, वास्तविक

Adapt	एडैप्ट	अनुकूल बनाना
Add	एड	जोड़ना
Addiction	एडिक्शन	बुरी आदत, व्यसन
Adequate	एडिकुएट	पर्याप्त, समुचित
Adhere	एडहेयर	चिपकना, किसी मत पर दृढ़ रहना
Adjacent	एड्जासेन्ट	समीपवर्ती
Adjective	एड्जेक्टिव	विशेषण
Adjourn	एड्जर्न	स्थगित करना, टालना
Adjust	एडजस्ट	ठीक करना, अनुकूल करना
Admission	एडमिशन	प्रवेश
Adopt	एडॉप्ट	गोद लेना
Adult	एडल्ट	व्यस्क, बालिग
Adultery	एडल्टरी	व्यभिचार
Advancement	एडवांसमेंट	प्रगति, उन्नति, वृद्धि
Adventure	एडवेंचर	साहसिक कार्य
Advertisement	एडवरटाइजमेंट	विज्ञापन
Aerial	एरियल	हवाई, वायु सम्बन्धी
Affair	अफेयर	व्यापार, मामला
Affix	एफिक्स	मिलाना, जोड़ना
Afoot	एफुट	पैदल
Afterwards	आफ्टरवार्ड्स	बाद में
Aged	एजिड	बूढ़ा, वयोवृद्ध
Agent	एजेन्ट	अभिकर्ता
Ailment	एलमेन्ट	रोग, अस्वस्थता
Alert	एलर्ट	सावधान, सतर्क
Alias	एलिआस	उपनाम, उर्फ
Alive	एलाइव	जीवित, सचेत
Alley	एली	संकरा मार्ग
Almost	ऑलमोस्ट	प्रायः, लगभग, प्राय सब
Alms	आम्ज	भिक्षा, भीख
Alone	एलोन	अकेला

Amazement	एमेजमैंट	विस्मित, आश्चर्य
Ambassador	अम्बेसडर	राजदूत
Amend	अमेन्ड	सुधार
Amity	एमाइटी	मित्रता
Ancestor	एन्सेस्टर	पूर्वज, पुरखा
Ancient	एन्शिएन्ट	प्राचीन
Angel	एंजिल	गंधर्व, देवदूत
Annex	एनेक्स	संयुक्त करना
Annual	एनुअल	वार्षिक
Anon	एनन	तुरन्त, फौरन
Anthem	एन्थम	राष्ट्रीय गान, भजन
Apartment	अपार्टमेंट	कमरा
Apathy	एपाथी	विराग, उदासीनता
Apology	अपॉलॉजी	क्षमा या माफी मांगना
Apparel	अप्पैरल	पोशाक, परिधान
Applicant	एपलीकांट	प्रार्थना करने वाला, प्रार्थी
Appointment	एपाइन्टमैंट	नियुक्ति
Arable	अरेबल	कृषि योग्य
Arid	एरिड	बंजर, शुष्क
Arrival	एराइवल	आगमन, पहुँच
Artful	आर्टफुट	धूर्त, चालबाज
Artless	आर्टलैस	निश्छल, सीधा-सादा
Ascent	अस्सेंट	उत्थान, चढ़ाव
Ash	एश	राख
Athlete	एथलीट	खिलाड़ी, पहलवान
Attitude	एट्टीट्यूड	मुद्रा
Audit	ऑडिट	लेखा परीक्षण
Autograph	ऑटोग्राफ	निजी हस्ताक्षर
Average	एवरेज	औसत, सामान्य मान
Averse	एवर्स	अनिच्छुक
Awful	ऑफुल	भयंकर, डरावना

B

Baby	बेबी	बच्चा
Babel	बेबल्	शोरगुल
Bachelor	बैचलर	अविवाहित पुरुष
Backbite	बैकबाइट	चुगली करना
Bailable	बेलएबल	जमानत के योग्य
Bankrupt	बैंकरप्ट	दिवालिया
Banner	बैनर	झंडा, पताका, ध्वजा
Bare	बेयर	नग्न, खुला, बिना ढका
Barely	बेयरली	खींच-तान कर
Barn	बार्न	खलिहान
Barren	बैरेन	बंजर
Baseless	बेसलैस	निराधार, बेबुनियाद
Bashful	बेशफुल	शर्मीला, लज्जालु
Basic	बेसिक	मूल, बुनियादी
Beak	बीक	चोंच
Bearable	बियरेबल	सहनीय
Bedding	बेडिंग	बिछावन, गद्दा
Beforehand	बिफोरहैंड	समय से पूर्व
Belief	बिलीफ	विश्वास, भरोसा
Beset	बिसेट	घेर लेना, व्याकुल करना
Bestov	बेस्टो	अर्पण करना
Betterment	बेटरमेंट	सुधार, भलाई, उन्नति
Bias	बॉयस	पक्षपात
Billow	बिल्लो	तंरग, बड़ी लहर
Bitter	बिटर	कड़वा, कष्टकर, तीव्र
Blame	ब्लेम	दोष लगाना
Blast	ब्लास्ट	विस्फोट, आंधी का झोंका
Blink	ब्लिंक	पलक मारना
Bonny	बॉनि	रूपवान, स्वस्थ

Boon	बून	वरदान, अनुग्रह
Bounce	बाउन्स	कूदना, उछलना
Bowl	बोल	कटोरा
Bracelet	ब्रेसलैट	कंगन
Bran	ब्रान	भूसी, चोकर
Breath	ब्रेथ	सांस, जीवन
Breezy	ब्रीजी	हवादार
Bribery	ब्राइबरी	रिश्वत
Brigand	ब्रिगैंड	डाकू, लुटेरा
Brink	ब्रिंक	किनारा, छोर
Brisk	ब्रिस्क	फुर्तिला, जानदार
Broad	ब्रॉड	खुला, चौड़ा
Broker	ब्रोकर	दलाल
Broom	ब्रूम	झाड़ू
Bulge	बल्ज	फूल उठना
Bullock	बुलऑक	बैल
Bully	बुल्लि	हुल्लड़बाज, गुंडा
Bump	बम्प	धमाका, सूजन
Bunch	बन्च	गुच्छा, समूह
Burial	बॅरियल	शव दफन करना
Bushy	बुशी	झाड़ीदार
Butler	बटलर	भंडारी, खानसामा
Buzz	बज	मक्खियों या मधुमक्खियों की भनभनाहट
Byre	बायर	गौशाला

C

Calamity	कॉमिटी	दुर्भाग्य, आपत्ति
Calculate	कैलकुलेट	गणना करना
Calling	कालिंग	बुलावा
Camphor	कैम्फर	कपूर

Canal	कैनाल	नहर
Candid	कैंडिड	स्पष्ट, निष्कपट
Capable	कैपेबिल	योग्य, समर्थ
Captivate	कैप्टीवेट	मोहित करना, रूप से लुभाना
Capture	कैप्चर	कब्जा, बन्दी करना
Carreer	कैरियर	जीवन चर्या
Cargo	कार्गो	जहाज पर लदा माल
Carp	कार्प	दोष निकालना, ढूंढना
Casual	कैजुअल	आकस्मिक
Catalogue	कैटलोग	सूची पत्र
Cedar	सीडर	देवदार का वृक्ष
Cellar	सैलर	तहखाना
Century	सैंचुरी	सौ वर्ष, शताब्दी, शतक
Certainty	सर्टेनटी	निश्चितता
Chameleon	कैमील्यन	गिरगिट
Chaos	केआस	अव्यवस्था, दुर्व्यवस्था
Chaplet	चैप्लेट	फूलों की माला
Charcoal	चारकोल	लकड़ी का कोयला
Charitable	चेरिटेबिल	धर्मार्थ, उदार
Chary	चेरी	सावधान, सचेत, चौकन्ना
Chatty	चेट्टी	बातचीत का प्रेमी, वाचाल
Cheerful	चीयरफुल	आनन्दित
Chide	चाइड	डांटना-फटकारना
Chilly	चिल्ली	ठंडा, सर्द
Chink	चिंक	दरार, झरोखा
Choler	कॉलर	क्रोध
Cinders	सिंडर्स	राख, भस्म
Civility	सिविलिटी	शिष्टाचार
Classify	क्लासीफाई	वर्गीकृत करना
Clement	क्लेमेंट	क्षमाशील, कोमल
Clench	क्लेंच	कसकर पकड़ना, जकड़ना

Client	क्लाइन्ट	ग्राहक, मुवक्किल
Climax	क्लाइमैक्स	शिखर, चरम उत्कर्ष
Closet	क्लोजेट	व्यक्तिगत या विशेष कोठरी
Clump	क्लम्प	लताओं या वृक्षों का झुरमुट
Coast	कोस्ट	समुद्री किनारा, समुद्र तट
Coax	कॉक्स	फुसलाना, बहकाना
Coercion	कोअरसन	शासन, धमकी, बल प्रयोग
Colic	कॉलिक	उदर शूल, पेट का दर्द
Coma	कोमा	गहरी नींद, समुच्र्छा
Commence	कमेंस	आरम्भ करना
Conjugal	कंजुगल	विवाह सम्बन्धी, दाम्पत्य
Cruelty	क्रुएलिटी	क्रूरता, निर्दयता
Cull	कल	फूल तोड़ना, चुनना
Culprit	कलप्रिट	अपराधी
Cyclone	साइक्लोन	बवंडर, चक्करदार आंधी

D

Daisy	डेसी	गुलबहार
Dale	डेल	घाटी, दर्रा
Damp	डैम्प	आर्द्र, नम, गीला
Damsel	डैम्सेल	कुवांरी युवती
Dandruff	डैंड्रफ	बालों की रूसी
Danger	डेंजर	खतरा
Dangle	डेंगल	लटकना, झूलना
Dawn	डॉन	अरुणोदय, उषाकाल
Debar	डिबार	वंचित करना
Debase	डिबेस	मूल्य या मान घटाना
Debris	डेब्रिस	कचरा, मलबा
Debtor	डेब्टर	ऋणी
Decade	डैकेड	दशक, दस वर्षों का समय
Decamp	डिकैम्प	भाग जाना, डेरा छोड़ देना

Decant	डिसैन्ट	पाना, निथारना
Decay	डिके	अवनति या पतन
Decease	डिसीस	मृत्यु
Deceit	डिसीट	छल, कपट, धोखा, ठगी
Decent	डिसेंट	शिष्ट, विनयी
Decision	डिसीजन	निर्णय, निश्चय
Deify	डेइफाइ	देव तुल्य
Deity	डीइटि	देवी या देवता
Dejected	डिजेक्टिड	उदास, उत्साहहीन
Delay	डिले	देर करना, समय टालना
Delicious	डिलिशियस	अति स्वादिष्ट
Delineation	डिलिनिएशन	चित्रण, वर्णन
Delinquent	डेलेन्क्विवेंट	अपराधी, दोषी
Deliverance	डिलिवरेंस	छुटकारा, मुक्ति
Dell	डेल	छोटी, संकरी घाटी
Delude	डिल्यूड	ठगना, बहकाना, भरमाना
Deluge	डेलयूज	बाढ़, जल-प्रलय
Demarcation	डिमार्केशन	सीमा निर्धारण, विभाजन
Demise	डिमाइज	मृत्यु
Democracy	डेमोक्रेसी	प्रजातंत्र या लोकतंत्र
Demolish	डिमोलिश	विध्वंस करना, ढहाना
Demon	डैमन	राक्षस, दैत्य, प्रेत
Den	डेन	मांद, गुफा, खोह
Deportation	डिपोर्टेशन	देश निकाला
Depose	डिपोज	गद्दी से हटाना, साक्ष्य देना
Depravity	डिप्रेविटी	भ्रष्टता, नैतिक विकार
Depression	डिप्रेशन	उदासी, गड्ढा, धंसाव
Derail	डिरेल	रेलगाड़ी का पटरी से उतरना
Derision	डेरिजन	उपहास, हंसी
Description	डिस्क्रिप्शन	वर्णन
Deserving	डिजर्विंग	योग्य

Desirable	डिजायरेबल	वांछनीय
Desolation	डिसोलेशन	वीरानापन, सुनसान
Despair	डिस्पेयर	निराश होना
Despoil	डिस्पौएल	लूटना
Detect	डिटेक्ट	पता लगाना
Difficult	डिफिकल्ट	कठिन
Dignity	डिग्निटी	मान, प्रतिष्ठा
Dire	डायर	भयंकर
Direction	डायरेक्शन	लक्ष्य, पता, दिशा
Disability	डिसएबिलिटी	अयोग्यता
Disappointment	डिसएपाइन्टमेंट	निराशा
Disaster	डिजास्टर	घोर विपत्ति
Discard	डिसकॉर्ड	त्याग करना
Discreet	डिस्क्रीट	विचारशील
Discussion	डिसकशन	वाद-विवाद
Distress	डिसट्रेस	विपत्ति, दरिद्रता
Doleful	डोलफुल	उदास, दुःखी
Donation	डोनेशन	दान, चंदा
Dose	डोज	औषधि की मात्रा
Drip	ड्रिप	बूंद-बूंद टपकना
Dynasty	डायनास्टी	राजवंश, राजकुल
Dysentery	डाइसेंटरि	पेचिश

E

Earnest	अर्नेस्ट	अग्रिम, सच्चा, उत्सुक
Earthquake	अर्थक्वेक	भूकम्प
Earthworm	अर्थवर्म	केंचुआ
Eatables	ईटेबिल्स	भोजन-सामग्री
Economy	इकॉनॉमी	मितव्ययिता, अर्थव्यवस्था
Edition	एडीशन	आवृत्ति, संस्करण
Editor	एडीटर	सम्पादक

Educate	एजुकेट	शिक्षित करना, बनाना
Efface	इफ्फेस	पोंछना, अस्पष्ट बनाना
Effective	इफ्फेक्टिव	प्रभावकारी
Efficient	एफिशिएंट	कार्यकुशल, दक्ष
Effort	एर्फट	प्रयत्न
Elasticity	इलास्टिसिटी	लचीलापन
Election	इलैक्शन	चुनाव, निर्वाचन
Elegy	ऍलेजि	शोक गीत
Eligible	एलिजिबिल	वांछनीय, चुनने योग्य
Elusion	इल्यूजन	बचाव
Embarrassment	एम्ब्रेसमेंट	परेशानी, घबराहट
Embers	एम्बर्स	अंगारा
Emerald	ऍमरआल्ड	पन्ना
Emergent	एमरजेन्ट	आपातिक
Emolument	एमोल्युमेंट	वेतन, लाभ, प्राप्ति
Empire	एम्पायर	साम्राज्य
Employee	एम्प्लॉई	कर्मचारी
Endeavour	इन्डेवर	प्रयत्न, प्रयास
Enhancement	एन्हेंसमेंट	वृद्धि
Enrolment	एन्रोलमेंट	नामांकन, भर्ती
Ensue	एन्स्यु	बाद में होना
Ensure	एन्श्योर	निश्चित करना
Enterprising	एन्टरप्राइजिंग	उद्योगी, साहसी
Enthral	एन्थ्राल	दास बनाना, मोहित करना
Entice	एंटाइस	लुभाना, बहकाना
Entomology	ऍटामृलॉजी	कीट-विज्ञान
Entity	एंटिटि	अस्तित्व, हस्ति
Entrap	एंट्रेप	फंदे या जाल में फंसना
Enumeration	इन्युमिरेशन	गिनती, विवरण
Envelope	एन्वेलॉप	लिफाफा
Envious	एन्विअस	ईर्ष्यालु

Environment	एन्वायरनमेंट	परिस्थिति, वातावरण
Envoy	एन्व्ॉय	दूत
Enwrap	एन्रैप	लपेटना, ढकना
Equipment	इक्विपमेंट	साज-सामान
Equitable	इक्विटेबिल	न्यायपूर्ण
Ere	ऍर	पहले, पूर्व
Especially	एस्पेशिएली	विशेषतः
Essential	एसेंन्शियल	अत्यावश्यक, सारभूत
Eternity	एटरनिटी	पारलौकिक जीवन, नित्यता
Ethics	ऍथिक्स	नीतिशास्त्र
Evade	इवेड	हटना, दूर भागना
Eventful	इवेंटफुल	घटनापूर्ण, महत्त्वपूर्ण
Execellent	एक्सेलेंट	उत्तम, श्रेष्ठ
Exemption	एक्जेम्पशन	छूट
Extraordinary	एक्सट्राऑर्डिनरी	असाधारण, विलक्षण
Extremity	एक्सट्रीमिटी	चरम सीमा, छोर
Eyelet	आईलेट	छोटा छिद्र
Eyesore	आईसोर	आँख का कांटा या शूल

F

Fable	फेबल	उपाख्यान, कथा
Facility	फैसिलिटी	आसानी, सुगमता
Faction	फैक्शन	स्वार्थ गुट
Factious	फैक्शस	उपद्रवी
Factorize	फैक्ट्राइज	गुणनखंड करना
Fad	फैड	धुन
Fain	फेन	प्रसन्न, खुश
Fairy	फेयरि	अप्सरा, परी
Faithful	फेथफुल	निष्ठापूर्ण, सच्चा
Falcon	फाल्कन	बाज पक्षी
Fallow	फैल्लो	बंजर, असर

Fame	फेम	कीर्ति, प्रसिद्धि
Famine	फैमीन	अकाल
Fanciful	फैंसीफुल	काल्पनिक, असत्य
Fantasy	फैन्टेसी	कल्पना, धुन, तरंग
Farewell	फेअरवैल	विदाई
Fearful	फियरफुल	भयानक
Feat	फीट	कौशल, चमत्कार
Ferry	फैरि	नाव से पार उतरना
Fertile	फर्टाइल	उर्वर, उपजाऊ
Fetid	फेटिड	दुर्गन्ध युक्त
Fib	फिब	मामूली झूठ
Filter	फिल्टर	छन्ना
Finding	फाइन्डिंग	पता, खोज, निष्कर्ष
Fiscal	फिस्कल	राजस्व या वित्त सम्बन्धी
Flame	फ्लेम	लपट
Fleck	फ्लेक	धब्बा, दाग, चिन्ह
Fleet	फ्लीट	फुर्तीला, चंचल
Flock	फ्लॉक	झुंड, समूह
Floral	फ्लोरल	पुष्प सम्बन्धी, फूलदार
Floriculture	फ्लोरीक्लचर	फूलों की खेती
Flout	फ्लाउट	ताना मारना
Fluent	फ्लुएंट	प्रवाहयुक्त भाषा
Fluidity	फ्लुडिटी	द्रवता
Focal	फोकल	नाभीय, केंद्रीय
Foible	फॉयबल	चरित्र की दुर्बलता
Fondle	फॉन्डल	दुलारना, लाड़ करना
Fop	फॉप	छैल-छबीला
Forceful	फोर्सफुल	शक्तियुक्त
Forecast	फोरकास्ट	मौसम आदि का अनुमान
Forge	फोर्ज	जाली, नकली, लुहार खाना
Forgery	फोरजरि	जालसाजी

Forgetful	फॉरगेटफुल	भुलक्कड़
Formality	फारमेलिटी	शिष्टाचार
Fraud	फ्रॉड	धोखा, बेइमानी
Freedom	फ्रीडम	स्वतंत्रता
Friction	फ्रिक्शन	रगड़, घिसाव
Frisky	फ्रिस्की	विनोदी
Fudge	फज	व्यर्थ वार्ता
Fuel	फ्यूल	ईंधन

G

Gab	गैब	व्यर्थ बकवास
Gad	गैड	भटकना
Gaiety	गैइटि	आनन्द, खुशी
Gainful	गेनफुल	लाभदायक
Gala	गाला	उत्सव, त्यौहार
Gale	गेल	आंधी, तूफान
Gallantry	गैलूलेंट्रि	उदारता, वीरता
Gambler	गाम्बर	जुआरी
Garbage	गारबेज	जूठन, गन्दगी का ढेर
Garment	गारमेंट	पहनावा
Generally	जनरली	सामान्यतः
Generation	जेनरेशन	पीढ़ी
Genuine	जेन्युइन	असली, विशुद्ध
Germinate	जर्मिनेट	उगना, उन्पन्न करना
Gibe	जाइब	ताना, व्यंग्य
Gist	जिस्ट	सारांश
Glade	ग्लेड	जंगल में खुला मैदान
Glen	ग्लेन	संकरी घाटी या दर्रा
Glimpse	ग्लिम्प्स	क्षणिक दृष्टि, झलक
Glossary	ग्लासससरि	शब्दावली, शब्दार्थ सूची
Goggles	गॉगल्स	धूप का चश्मा

Gooseberry	गूजबेर्रि	करौंदा, झरबेर
Gout	गाउट	ग्रंथिवात, गठिया
Governess	गवर्नेस	बच्चों की अध्यापिका
Graceful	ग्रेसफुल	सुन्दर, शोभायुक्त
Gradual	ग्रेजुअल	क्रमिक
Grandeur	ग्रेन्डुअर	वैभव, महानता
Growl	ग्राउल	गुर्राना
Growth	ग्रोथ	वृद्धि, बाढ़, विकास
Gruesome	ग्रूसम	भयंकर, शोकपूर्ण
Guile	गाइल	धोखा, छल, माया
Guilt	गिल्ट	अपराध, पाप, दोष
Gymnast	जिमनास्ट	कसरतबाज
Gypsum	जिप्सम	खड़िया मिट्टी

H

Hack	हैक	काटना, टुकड़ा करना
Hairy	हेअरि	बालों से ढका
Hale	हेल	स्वस्थ
Half way	हाफ वे	बीच में
Hallow	हैल्लो	पवित्र बनाना
Hamper	हैम्पर	रोकना, बाधा डालना
Handful	हैंडफुल	मुट्ठी भर
Handicraft	हैंडीक्राफ्ट	हस्तशिल्प
Handmaid	हैंडमेड	दासी, नौकरानी
Hangman	हैंगमैन	जल्लाद
Hazardous	हैजार्डअस	संकटपूर्ण
Headstrong	हैडस्ट्रांग	हठी, जिद्दी
Headway	हैडवे	प्रगति
Healthful	हैल्थफुल	निरोग, स्वस्थ
Heap	हीप	राशि, ढेर
Heedful	हीडफुल	सावधान, ध्यान देने वाला

Heinous	हीनस	घृणित, जघन्य
Hell	हेल	यमलोक, नरक
Herald	हैराल्ड	घोषणा करने वाला
Herb	हर्ब	जड़ी-बूटी, औषधि
Heritage	हेरिटेज	पैतृक सम्पत्ति, कुल परम्परा
Hermit	हरमिट	तपस्वी, संन्यासी
Hesitate	हेजिटेट	हिचकना
Hey day	हे डे	सुख, समृद्धि, बल आदि का चरम उत्कर्ष
High Bred	हाईब्रेड	कुलीन, शिष्ट
Hillock	हिलॉक	छोटी पहाड़ी
Hind	हाइन्ड	पिछला, पीछे का, करिंदा, गंवार
Hindrance	हिन्ड्रेन्स	बाधा, विघ्न
Hip	हिप	कूल्हा
Hiss	हिस्स	सिसकारना
Historian	हिस्टोरियन	इतिहासकार
Hit	हिट	मारना, लगना
Hive	हाइव	मधुमक्खियों का छत्ता
Hocus	हॉकस	ठगना, ऊंचा करना
Hoe	हो	कुदाल, फावड़ा
Hoist	होइस्ट	उठाना, ऊंचा करना
Homage	होमेज	स्वामिभक्ति, राजभक्ति
Honesty	आनेस्टी	ईमानदारी
Hope	होप	आशा करना
Hostility	हॉस्टिलिटी	शत्रुता
Hotchpotch	हॉच पॉच	गोलमाल, बिचड़ी
Household	हाउस होल्ड	पारिवारिक
Housewife	हाउस वाइफ	गृहिणी
Hovel	हॉवेल	छोटा गंदा घर
Hover	हॉवर	मंडराना
Huge	हयूज	विशाल

Human	हयूमन	मानव
Humbly	ह्अम्बलि	नम्रता या दीनता
Humid	ह्यूमिड	गीला, नम
Hungry	हंगरी	भूखा
Hunter	हंटर	शिकारी
Hurtful	हर्टफुल	चोट पहुँचाने वाला
Hybrid	हाईब्रिड	दोगला, संकर
Hymn	हिम	ईश्वर स्तुति
Hypnosis	हिप्नोसिस	कृत्रिम निद्रा, मोह निद्रा

I

Ice-berg	आइसबर्ग	हिम शैल
Idealist	आइडियलिस्ट	आदर्शवादी
Identical	आइडेन्टिकल	पूर्णतः समरूप
Idiotic	इडिऔटिक	मूर्खतापूर्ण
Ignorant	इग्नोरेन्ट	अज्ञान, निर्दोष
Illegal	इल्लेगल	अवैध
Illegitimacy	इल्लेजिटिमेसी	दोगलापन
Illicit	इल्लिसिट	अवैध
Illusive	इल्लुसिव	भ्रामक
Illustration	इल्लस्ट्रेशन	दृष्टांत, उदाहरण
Imagine	इमेजिन	कल्पना करना, अनुमान करना
Immense	इम्मेन्स	बहुत बड़ा, विशाल
Immerse	इम्मर्स	डुबाना
Immigrate	इम्मिग्रेट	अन्य देश में जाकर बसना
Immoral	इम्मोरल	अनैतिक
Immune	इम्मयून	प्रतिरक्षित, उन्मुक्त
Immutable	इम्मयूटेबिल	अपरिवर्तनीय
Impartial	इम्पार्शियल	निष्पक्ष, न्यायोचित
Impeach	इम्पीच	अभियोग लगाना
Imperfection	इम्परफेक्शन	अपूर्णता

Implement	इम्प्लीमेंट	उपकरण, कार्यान्वित करना
Implore	इम्प्लोर	विनती करना
Impressive	इम्प्रेसिव	प्रभावकारी
Impunity	इम्प्युनिटि	दंड या हानि से मुक्त
Inactive	इन्एक्टिव	निष्क्रिय
Inauguration	इनाग्यूरेशन	प्रतिष्ठापन, शुभारम्भ
Incantation	इनसैंटेशन	मंत्र, जादू
Incentive	इन्सैंटिव	प्रेरणा, प्रोत्साहन
Inception	इन्सैप्शन	आरम्भिक
Incident	इन्सिडेंट	घटना, वृतान्त
Incite	इन्साइट	प्रवृत्र करना
Inclined	इन्क्लाइन्ड	झुका हुआ, प्रवृत्त
Inchoherent	इन्काहरेंट	बेमेल
Incompetent	इन्कंपिटेंट	अयोग्य
Inconvenient	इन्कन्वीनिएंट	असुविधाजनक
Increment	इनिक्रमेंट	बढ़ती, वेतन वृद्धि
Incurable	इन्क्योरेबल	असाध्य रोग
Indecent	इन्डीसेंट	अश्लील
Indeed	इन्डीड	वस्तुतः
Indemnity	इन्डेम्निटि	हानि से बचाव
Indication	इंडिकेशन	चिन्ह, लक्षण, सूचना, संकेत
Indiffirent	इन्डिफरन्ट	तटस्थ, मामूली
Indigence	इन्डिजेंस	दरिद्रता, अभाव
Indignity	इन्डिग्निटि	निरादर, उपेक्षा
Inert	इनर्ट	जड़, गतिविहीन, आलसी
Inevitable	इन्ऐविटेबिल	अनिवार्य, अवश्यम्भावी
Infamous	इन्फेमस	बदनाम, दुष्ट
Infant	इन्फेंट	छोटा बच्चा, शिशु
Inference	इन्फरेंस	अनुमान
Inferiority	इन्फीरीअरिटि	हीनता, निम्नता
Inflammable	इन्फ्लेमेबल	शीघ्र जलने वाला

Inhale	इन्हेल	सांस लेना
Inhibition	इन्हिबिशन	अवरोध, रुकावट
Injury	इन्ज्यूरी	अपकार, हानि, चोट
Insane	इन्सेन	उन्मत्त, पागल
Insufficient	इन्सफिशिएंट	अपर्याप्त
Integral	इन्टिग्रल	सम्पूर्ण, अखंड
Intense	इन्टेंस	तीव्र, प्रबल
Intention	इन्टेंशन	अभिप्राय, आशय
Interior	इन्टीरिअर	भीतरी भाग
International	इन्टरनेशनल	अंतरराष्ट्रीय
Interrogate	इन्टैरोगेट	पूछताछ करना
Intimacy	इन्टिमेसि	घनिष्ठता
Inure	इन्योर	अभ्यास करना
Involve	इन्वाल्व	फंसना, फसाना, शामिल करना
Irrelevant	इररिलिवेंट	असंगत
Irrigate	इर्रिगेट	सींचना
Itch	इच	खुजली, खाज

J

Jackal	जैकाल	सियार, गीदड़
Jam	जैम	मुरब्बा, मीठा अचार
Jargon	जारगन	निरर्थक, बकवास
Jasmine	जैसमिन	चमेली
Jealous	जैलस	ईर्ष्यालु
Jeer	जिअर	हंसी उड़ाना, ताना मारना
Jelly	जेली	फल का मुरब्बा
Jerk	जर्क	धक्का, झटका
Jewel	जुएल	रत्न, मणि
Jilt	जिल्ट	मनचली स्त्री
Jobber	जॉबर	फुटकर काम करने वाला
Jobbery	जॉब्बिरि	बेईमानी, स्वार्थपूर्ण

Jog	जॉग	कांपना, हिलना
Jointly	जाइन्टलि	संयुक्त रुप से
Jolly	जॉली	विनोदी, मौजी
Journal	जर्नल	दैनिक पत्र, रोजानामचा
Judicature	जूडिकेचर	न्याय का संचालन, न्यायालय
Judicious	जूडिशस	विवेक युक्त, समझदार
Juice	जूस	रस
Jumpy	जम्पी	डरपोक
Juncture	जंक्चर	उचित समय, संकटकाल
Jupiter	जूपिटर	बृहस्पति ग्रह, यूनानी देवताओं का राजा
Jurist	जूरिस्ट	न्यायशास्त्री
Just	जस्ट	न्यायपूर्ण, ठीक, योग्य
Justly	जस्टली	न्यायपूर्वक, ठीक-ठीक
Juvenile	जूवेनाइल	किशोर सम्बन्धी

K

Keen	कीन	तीव्र, तेज
Kerchief	करचीफ	स्कार्फ
Kettle	केट्टल	केतली, पतीली, देगची
Kidnap	किडनेप	बच्चा चुराना, किसी को भगा ले जाना
Kiln	किल्न	ईंट का भट्टा
Kin	किन	नातेदार, सम्बन्धी
Kind	काइन्ड	दयालु, प्रकार, वर्ग
Kindle	किंडल	आग जलाना
Kinetic	काइनेटिक	गति सम्बन्धी
Kinglet	किंगलेट	छोटा राजा
Kingship	किंगशिप	राजपद
Kinship	किनशिप	नातेदारी
Kiss	किस	चूमना

Kite	काइट	पतंग
Kith	किथ	जान-पहचान
Kitten	किट्टेन	बिल्ली का बच्चा
Knead	नीड	आटा गूंथना
Knee	नी	घुटना
Kneel	नील	घुटने टेकना
Knobe	नॉब	गांठ
Knock	नॉक	खटखटाना
Knoll	नॉल	छोटी पहाड़ी, टीला
Knop	नॉप	फूल की कली
Knowable	नोएबिल	जानने योग्य
Knowledge	नॉलेज	ज्ञान, जानकारी

L

Labile	लेबिल	परिवर्तनशील
Laboratory	लैबोरेटरी	प्रयोगशाला
Labourious	लेबोरिअस	परिश्रमी
Labourer	लबरअर	श्रमिक
Lack	लैक	कमी, अभाव
Lactic	लैक्टिक	दूध सम्बन्धी
Lactiferous	लैक्टिफरअस	दुधारू
Ladder	लैडर	सीढ़ी
Laggard	लैगर्ड	पिछड़ने वाला व्यक्ति
Lagoon	लैगून	समुद्री झील
Lake	लेक	झील, सरोवर
Lame	लेम	लंगड़ा, झूठा
Lament	लेमेंट	विलाप करना
Landholder	लैंडहोल्डर	काश्तकार
Landing	लैंडिंग	हवाई जहाज का उतरना
Land lord	लैंड लॉर्ड	जमींदार, भूस्वामी
Land mark	लैंडमार्क	सीमा चिन्ह

Land scape	लैंड स्केप	प्राकृतिक भू-दृश्य
Lank	लैंक	लंबा और दुबला-पतला
Lap	लैप	अंचल, गोद
Lass	लॉस	कन्या
Lasting	लास्टिंग	स्थाई
Lavish	लैविश	खर्चीला
Lawful	लॉफुल	न्यायपूर्ण
Lawyer	लॉयर	वकील
Layman	लेमैन	साधारण आदमी
Lead	लैड	सीसा
Learned	लर्नड्	विद्वान
Leer	लिअर	तिरछी नजर से देखना
Legal	लीगल	कानूनी
Legend	लीजैन्ड	पौराणिक कथा
Legislate	लैजिस्लेट	कानून या विधान बनाना
Length	लैंथ	फैलाव, विस्तार
Leper	लेपर	कुष्ठ रोगी
Lessen	लेसन	कम करना, होना
Lethal	लीथल	घातक
Lethargic	लिथार्जिक	निद्रालु
Liable	लाइबल	उत्तरदायी, संभावी
Liberal	लिबरल	उदार, दानशील
Liberation	लिबरेशन	छुटकारा, मुक्ति
License	लाइसेन्स	अनुज्ञा देना
Lieu	ल्यू	बदले में
Lightly	लाइटली	सहजतापूर्वक
Likeliness	लाइकलीनेस	सम्भावना
Liken	लाइकन	तुलना करना
Limited	लिमिटेड	सीमित, संकुचित
Limp	लिंम्प	लंगड़ा कर चलना
Liquid	लिक्विड	द्रव्य, तरल

Literate	लिटरेट	साक्षर, पढ़ा-लिखा
Loan	लोन	उधार, ऋण
Lobby	लॉबी	कक्ष, सभामंडप
Location	लोकेशन	स्थान
Loom	लूम	करघा
Loyalty	लायल्टी	राजभक्ति, देशभक्ति
Lucent	ल्यूसेंट	चमकीला
Lunatic	ल्यूनेटिक	पागल
Lute	ल्यूट	बीन, सारंगी
Lyrist	लीरइस्ट	वीणा बजाने वाला

M

Mad	मैड	उन्मत्त, पागल
Magical	मैजिकल	विलक्षण, इंद्रजालिक
Magnanimous	मैग्नेनिमस	उदार, उदारतापूर्ण
Magnet	मैग्नेट	चुम्बक
Magnificent	मैग्निफिसेंट	शानदार, वैभवपूर्ण, शोभायमान
Magnitude	मैग्नीट्यूड	विशालता, विस्तार, परिणाम
Mainland	मेनलैंड	महाद्वीप
Mainstay	मेनस्टे	मुख्य आक्षय या सहारा
Maintenance	मेंटीनेंस	जीविका, निर्वाह, समर्थन
Majestic	मैजेस्टिक	वैभवशाली, शानदार
Makeshift	मेकशिफ्ट	काम चलाऊ उपाय
Maladjustment	मैलएडजस्टमेंट	कुप्रबन्ध
Malediction	मैलिडिक्शन	शाप
Management	मैनेजमेंट	प्रबन्ध, प्रबन्ध मंडल
Manifold	मैनीफोल्ड	विविध
Matchless	मैचलैस	अद्वितीय, बेजोड़
Meadow	मेडो	चारागाह
Meander	मीऐन्डर	नदी का घुमाव या मुड़ाव
Meanwhile	मीनव्हाइल	इस बीच में

Measurable	मेजरेबल	नापने योग्य
Meddle	मेडल	हस्तक्षेप करना
Media	मीडिया	माध्यम
Mediation	मीडिएशन	मध्यस्थता
Meditation	मैडिटेशन	ध्यान, चिंतन, मनन
Meek	मीक	विनीत, नम्र
Melancholy	मेलनकॉलि	उदासी, चिंताकुलता
Melee	मेली	मारपीट
Mentality	मैन्टलिटि	मनोवृत्ति
Merciful	मर्सीफुल	दयालु, कृपालु
Messy	मैस्सि	अस्वास्थ्यकर, गंदा
Militant	मिलिटेंट	युद्धरत
Millet	मिल्लेट	बाजरा
Mindful	माइंडफुल	ध्यानशील
Mineral	मिनरल	खनिज पदार्थ
Minimize	मिनिमाइज	घटाना
Mintage	मिन्टेज	ढले हुए सिक्के
Miracle	मिरैकल	चमत्कार
Mishap	मिसहैप	आपत्ति, दुर्घटना
Misprint	मिसप्रिन्ट	मुद्रण की अशुद्धि
Misunderstand	मिस अंडरस्टेंड	गलत अर्थ लगाना
Mode	मोड	ढंग, रीति
Monk	मांक	संन्यासी
Monopoly	मोनोपॉलि	एकाधिकार
Monument	मॉन्युमेंट	स्मारक
Mortgage	मार्टगेज	बन्धक, गिरवी
Motive	मोटिव	प्रेरक शक्ति
Mouthful	माउथफुल	ग्रास, कौर
Movables	मूवेबल्स	चल सम्पत्ति
Murk	मर्क	अंधियारा
Muscular	मस्क्यूलर	मांसपेशी सम्बन्धी

Musing	म्यूजिंग	ध्यान
Mustard	मस्टर्ड	सरसों या राई
Muster	मस्टर	इकट्ठा करना
Mutable	म्यूटेबिल	परिवर्तनीय
Mutter	मटर	अस्पष्ट बोलना
Mystery	मिस्ट्री	रहस्य

N

Nab	नैब	पकड़ना, गिरफ्तार करना
Nail	नेल	नाखून
Naive	नाइव	सरल स्वभाव का
Naked	नैकेड	नग्न, अरक्षित
Name	नेम	नाम
Nap	नैप	झपकी लेना
Narrate	नररेट	सविस्तार वर्णन करना
Narrow	नैरो	संकुचित, संकरा
Natal	नैटल	जन्म सम्बन्धी
Native	नेटिव	देशी, स्वाभाविक
Nattiness	नेट्टिनेस	स्वच्छता
Natural	नेचुरल	स्वाभाविक, प्राकृतिक
Nature	नेचर	प्रकृति, स्वभाव
Naughty	नॉटि	शरारती बच्चा
Navigable	नेविगेबल	नौकायन योग्य
Nearly	नियरली	पास से, प्रायः
Nebulous	नेब्युलस	धुंधला, अस्पष्ट
Necessary	नेसेसरि	अति आवश्यक
Necklace	नेकलैस	गले का हार
Nectar	नेक्टर	अमृत
Need	नीड	आवश्यकता
Never	नेवर	कभी नहीं

Neglect	नेगलेक्ट	उपेक्षा करना
Neighbour	नेबर	पड़ोसी
Neptune	नेप्च्यून	वरुण ग्रह, समुद्र देवता
Nerveless	नर्वलैस	शक्तिहीन
Nickname	निकनेम	उपनाम
Niggard	निगर्ड	कृपण, कंजूस
Nocturnal	नाकटर्नल	रात्रिकालीन
Nodule	नाड्यूल	छोटा गोल उभार
Noise	नाइज	कोलाहल, शोर
Nominal	नॉमिनल	नाम मात्र का
Nominate	नॉमिनेट	नाम देना, नामांकित करना
None	नन	कोई नहीं, कुछ नहीं
Nook	नूक	कोना, निर्जन स्थान
Normal	नार्मल	सामान्य, साधारण
Nosegay	नोज़गे	सुगन्धित फूलों का गुच्छा
Notable	नोटेबल	प्रसिद्ध पुरुष
Noted	नोटेड	प्रसिद्ध, विख्यात
Noticeable	नोटिसेबल	ध्यान देने योग्य
Notification	नोटिफिकेशन	सूचना, विज्ञप्ति
Notion	नोशन	विचार, राय, मत
Nuisance	न्यूसेन्स	उपभोग-बाधा
Nullify	नल्लिफाई	रद्द करना
Numb	नम्ब	चेतनाशून्य
Numeral	न्यूमरल	अंक सम्बन्धी
Nursery	नर्सरी	पौधे रोपने का स्थान, बच्चों का कमरा या पाठशाला
Nutrient	न्यूट्रिएंट	पौष्टिक
Nymph	निम्फ	सुन्दर युवा स्त्री, परी, अप्सरा
Nyctalopia	निक्टलोपिया	रतौंधी

O

Oak	ओक	बलूत का पेड़
Oasis	ऑएसिस	मरूद्यान
Oat	ओट	जई
Oath	ओथ	शपथ, सौगन्ध
Obedient	ऑबिडिएन्ट	आज्ञाकारी
Object	ऑब्जेक्ट	विरोध, आपत्ति
Objective	ऑब्जेक्टिव	उद्देश्य, लक्ष्य
Objure	आब्ज्यूर	सौगन्ध खाना
Oblation	ऑबलेशन	भोग, नैवेद्य
Obligation	आब्लिगेशन	कथन, बाध्यता, आभार
Oblige	ऑब्लाइज	बाध्य, विवश या अनुग्रह करना
Obliterate	ऑब्लिटरेट	मिटाना, नष्ट करना
Oblivious	ऑब्लविअस	भूला हुआ, विस्मृत
Oblong	आब्लांग	दीर्घाकार, आयताकार
Obnoxious	ऑब्नॉक्शियस	घृणित, अप्रिय
Observatory	ऑब्जरवेटरी	वेधशाला
Obstacle	ऑब्स्टेकल	बाधा, विघ्न
Obstruct	ऑब्स्ट्रक्ट	बाधा डालना
Occasion	ऑकेजन	अवसर, प्रयोजन
Occupation	ऑक्यूपेशन	व्यवसाय, धंधा, कब्जा
Occurence	ऑक्करेंस	घटना
Ocean	ओशन	महासागर
Octri	ऑक्ट्राई	चुंगी
Oculist	ऑक्यूलिस्ट	आँखों का डाक्टर
Oddity	ऑडिटि	विचित्रता
Odds	ऑड्स	असमानता, सुविधा
Offence	ऑफ्फेंस	अपराध
Offensive	आफेंसिव	आक्रामक, अप्रिय
Official	ऑफिशियल	कार्यालय या अधिकारी सम्बन्धी

Offshoot	ऑफशूट	शाखा
Offspring	ऑफस्प्रिंग	सन्तान, परिणाम
Oft	ऑफ्ट	बहुधा, प्राय
Oil	ऑयल	तेल
Oiliness	ऑइलीनेस	चिकनाहट
Ointment	ऑइन्टमेंट	मलहम, उबटन
Olden	ऑल्डन	पुराने काल का
Olive	ऑलीव	जैतून का वृक्ष
Omission	ऑमिशन	चूक, भूल
Omit	ऑमिट	छोड़ देना
Omnibus	ऑम्निबस	यात्री मोटर-गाड़ी
Omnipotent	ऑम्निपोटेंट	सर्वशक्तिमान
Once	वन्स	एक बार, पहले
Oneness	वननैस	एकता, अकेलापन
Oncoming	ऑनकमिंग	आगामी
Onset	ऑनसेट	प्रबल आक्रमण
Opaque	ओपेक	अपारदर्शक
Opening	ओपनिंग	आरम्भ, मौका, छिद्र
Openly	ओपनलि	स्पष्टता से, दिल खोलकर
Opera	ओपेरा	गीति-नाट्य
Opinion	ऑपनिअन	राय, धारणा, विचार
Opium	ऑपियम	अफीम
Opportunity	ऑपर्च्युनिटी	अनुकूल अवसर
Optic	ऑप्टिक	दृष्टि सम्बन्धी
Option	ऑप्शन	विकल्प
Oracle	ऑरैकल	भविष्यवाणी
Oral	ऑरल	मौखिक
Orderly	ऑर्डरलि	क्रमानुसार
Origin	ऑरिजिन	मूल, आरम्भ, उत्पत्ति
Ornament	ऑर्नमिंट	आभूषण, अलंकार
Orphen	ऑर्फन	अनाथ बच्चा

पॉपुलर मिनी इंगलिश स्पीकिंग कोर्स

Otherwise	अदरवाइज	अन्यथा
Outflow	आउटफ्लो	बाहर की ओर
Outgoing	आउटगोइंग	व्यय, खर्च
Oval	ओवेल	अंडाकार
Overcome	ओवरकम	जीतना, वश में करना
Oversight	ओवरसाइट	दृष्टि चूक
Overt	ऑवर्ट	स्पष्ट, प्रत्यक्ष, खुला
Owe	ओ	अंडाकार
Ozone	ओजोन	ठोस प्राणवायु

P

Pacify	पैसिफाई	शांत करना
Package	पैकेज	छोटी गठरी या बंडल
Pact	पैक्ट	समझौता
Paddy	पैडि	धान
Pail	पेल	नांद, बाल्टी
Palate	पेलेट	तालु, स्वाद
Pall	पॉल	लबादा, कफन
Palmistry	पामिस्ट्री	हस्तरेखा शास्त्र
Panacea	पैनसीआ	रामबाण औषधि
Pander	पैन्डर देने वाला	बुरे कामों में सहायता या उत्साह
Pang	पैग	व्यथा, दर्द, वेदना
Panorama	पैनॉरमा	विस्तृत दृश्य
Parable	पैरेबल	नीति कथा, कहावत
Penalty	पैनॉल्टी	जुर्माना
Penetrate	पेनिट्रेट	छेदना, भेदना
Penitence	पेनिटेंस	पश्चाताप
Pensive	पेन्सिव	चिंताग्रस्त
Penury	पेन्युरि	अभाव
Perfectly	परफैक्टली	पूर्ण रूप से

Perhaps	परहैप्स	शायद
Phase	फेज	आकृति, पहलू
Philololgy	फिलॉलॉजी	भाषा विज्ञान
Pickle	पिकल	अचार या मुरब्बा
Piecemeal	पीसमील	टुकड़ा-टुकड़ा करके
Piked	पिक्ड	नोंकदार
Pilgrim	पिलग्रिम	तीर्थयात्री
Pinkish	पिंकिश	हल्का गुलाबी
Pious	पाइयस	धार्मिक, धर्मात्मा
Pirate	पाइरेट	समुद्री डाकू
Piteous	पिटिअस	करुण, दर्दनाक
Pitiable	पिटिएबल	दयनीय, दीन
Placid	प्लेसिड	शांत, नम्र, गंभीर
Planet	प्लेनेट	नक्षत्र, ग्रह
Pleasant	प्लेजेंट	सुहावना
Plight	प्लाइट	प्रतिज्ञा
Pod	पॉड	फली
Poking	पोकिंग	तुच्छ, गंदा
Politness	पॉलइटनेस	शिष्टता, विनय शील युक्त
Ponder	पान्डर	चिंतन करना
Popularity	पापुलरिटी	लोकप्रियता
Population	पापुलेशन	जनसंख्या
Porcelain	पोर्सलेन	चीनी मिट्टी के पात्र
Portrait	पोट्रेट	चित्र, फोटो
Possession	पॅजेशन	अधिकार, कब्जा
Postal	पोस्टल	डाक सम्बन्धी
Postpone	पोस्टपॉन	स्थगित करना, विलम्ब करना
Potent	पोटेंट	शक्ति, सामर्थ्य
Powerful	पावरफुल	शक्तिशाली
Predict	प्रिडिक्ट	भविष्यवाणी करना
Preliminary	प्रिलिमिनरी	प्रारम्भिक

Prestige	प्रेस्टीज	प्रतिष्ठा, गौरव
Pretty	प्रिटि	सुन्दर, आकर्षक
Prior	प्रायर	पहले का
Privacy	प्राइवेसि	गोपनीयता
Progressive	प्रोग्रेसिव	प्रगतिशील
Prosy	प्रोजि	नीरस, शुष्क
Protest	प्रोटेस्ट	विरोध, आपत्ति
Proudly	प्राउडलि	घमंड से
Psyche	साइकि	आत्मा, जीव, ब्रह्म
Psychology	सॉइकॉलॉजी	मनोविज्ञान
Puberty	पबर्टी	यौवनागम
Publication	पब्लिकेशन	प्रकाशन
Pulley	पुलि	घिरनी
Punishment	पनिशमेंट	दंड
Puny	प्यूनि	छोटा तथा दुर्बल
Pyre	पायर	चिता
Python	पाइथन	अजगर

Q

Quackery	क्वैकरि	नीमहकीमी
Quadrangular	क्वाड्रैंगुलर	चौकोर
Quail	क्वेल	भय से कांपना
Quake	क्वेक	कांपना, थर्राना
Qualified	क्वालिफाइड	अर्ह, योग्य
Quantity	क्वान्टिटि	परिमाण, मात्रा
Quarrelsome	क्वैरलसम	झगड़ालू
Quarter	क्वार्टर	चौथा भाग, सैनिक आवास, ठहराना, आवास देना
Quash	क्वेश	रद्द करना, कुचलना, दबाना
Quean	क्वीन	दुष्चरित्र लड़की

Queen	क्वीन	महारानी, बहुत सुन्दर फूल, स्त्री आदि
Queer	क्वीअर	विचित्र
Quell	क्वेल	वश में करना, दबाना
Quest	क्वेस्ट	अनुसंधान, खोज
Questionable	क्वेश्चनेबल	अनिश्चित, संदेहयुक्त
Quicken	क्विकन	जीवन देना, शीघ्रता करना
Quiescent	क्वाइएस्सेंट	नीरव, अचल, शांत
Quietly	क्वाइएटलि	शांतिपूर्वक
Quit	क्विट	छोड़ना, त्यागना
Quotation	क्वोटेशन	उद्धरण, प्रचलित मूल्य

R

Rabble	रैब्बल	उपद्रवी या कोलाहली भीड़
Racial	रेश्यल	जातीय
Racy	रेसी	तीक्ष्ण, उत्साही
Radiance	रेडिअन्स	प्रभा, चमक
Radiate	रेडिएअ	किरण फेंकना, विकीर्ण होना
Rage	रेज	क्रोध, रोष
Railing	रेलिंग	छड़ो का घेरा
Raiment	रेमेन्ट	वस्त्र, पोशाक
Rainworm	रेनवर्म	केंचुआ
Raisin	रेजिन	मुनक्का
Rakish	रेकिश	दुश्चरित्र, व्यसनी
Ransack	रैनसैक	छानबीन या खोज करना, लूटना
Rapacious	रैपेशस	लालची
Rapture	रैप्चर	तन्मयता
Rare	रेअर	दुर्लभ, अपूर्व
Rarely	रेअरलि	कदाचित, मुश्किल से
Rascal	रास्कल	दुष्ट व्यक्ति
Reaction	रिएक्शन	प्रतिक्रिया

Readiness	रेडीनैस	तत्परता, शीघ्रता
Reality	रिअल्टी	वास्तविकता
Reaping	रीपिंग	फसल-कटाई
Rear	रीअर	पीछे का या पिछला भाग
Reasonable	रीजनेबल	विवेक संगत, न्यायपूर्ण
Reassure	रीअश्योर	विश्वास दिलाना
Rebellion	रिबेल्यन	विद्रोह
Recall	रिकॉल	स्मरण होना, याद होना
Recession	रिसेशन	पीछे हटना
Reciprocal	रिसिप्रोकल	पारस्परिक
Recitation	रेसिटेशन	आवृत्ति, पाठ वर्णन
Recovery	रिकवरी	आरोग्य लाभ, वसूली, पुनः प्राप्ति
Recreat	रिक्रिएट	मनोरंजन होना
Recurrence	रिकुररेन्स	पुनरागमन, फिर से, आवृत्ति
Redemption	रिडेम्पशन	पाप से मुक्ति
Redirect	रिडाइरेक्ट	पुनः प्रेषण करना
Refugee	रिफ्युजी	शरणार्थी
Refusal	रिफ्युजल	अस्वीकृति
Regal	रीगल	वैभवपूर्ण, राजकीय, शानदार
Regarding	रिगार्डिंग	के विषय या बारे में
Rehearse	रिहर्स	पूर्वाभ्यास या दोहराना
Reinforce	रीइन्फोर्स	शक्ति बढ़ाना
Rejection	रिजेक्शन	अस्वीकृति
Related	रिलेटिड	सम्बन्धी, सम्बन्धित
Reliance	रिलाइन्स	भरोसा, विश्वास
Religious	रिलिजिअस	धार्मिक
Remind	रिमाइन्ड	स्मरण या याद कराना
Rival	राइवल	प्रतिस्पर्धी
Roam	रोम	इधर-उधर घूमना
Robber	रॉबर	लुटेरा
Romantic	रोमान्टिक	प्रणय सम्बन्धी

Rotate	रोटेट	चक्कर खाना
Routine	रूटीन	नियमित कार्यक्रम
Rowdy	राउडि	उपद्रवी, कोलाहली
Rubbish	रबिश	कूड़ा-करकट
Rudeness	रूडनेस	उग्रता, अशिष्टता
Rudimentary	रूडिमेंटरि	प्रारंभिक ज्ञान
Rummage	रम्मेज	छानबीन करना
Rumour	रूमर	अफवाह, जनश्रुति
Rumple	रम्पल	मोड़ना, झुर्री पड़ना
Runabout	रनअबाउट	आवारा
Rung	रंग	सीढ़ी का डंडा
Runnel	रनल	छोटी नदी, छोटा नाला
Rural	रूरल	देहाती
Rustle	रस्सल	पत्तों का खड़खड़ाना
Ruth	रूथ	दया

S

Sabre	साबर	कृपाण, तलवार
Sackful	सैकफुल	बोरा भर
Sacramental	सैक्रमेंटल	धार्मिक कृत्य सम्बन्धी
Sacred	सेक्रेड	पुनीत, पवित्र
Sadden	सैडन	दुःखी होना या करना
Safeguard	सेफगार्ड	सुरक्षा, बचाव के उपाय
Saffron	सैफ्रन	केशर
Sagacious	सगेशस	मेधावी, बुद्धिमान
Sage	सेज	पंडित या ज्ञानी
Sailor	सेलर	नाविक
Saint	सेंट	संत
Sake	सेक	कारण, हित
Salary	सेलरि	वेतन
Salient	सेजिअन्ट	मुख्य, उभरा हुआ

Saline	सैलाइन	नमकीन
Salutary	सैल्यूटरि	स्वास्थ्यवर्धक
Sanctify	सैंक्टिफाई	पवित्र करना या होना
Sandalwood	सैंडलवुड	चन्दन
Sanitary	सैनिटरि	स्वास्थ्य या सफाई सम्बन्धी
Satirist	सैटेरिस्ट	व्यंग्य लेखक
Satisfying	सैटिस्फाइंग	संतोषजनक
Saucy	सॉसी	धृष्ट, अशिष्ट
Scant	स्कैंट	कम, थोड़ा
Scarcely	स्केर्सलि	कठिनता या मुश्किल से
Scarf	स्कार्फ	दुपट्टा
Scenery	सीनरि	प्राकृतिक दृश्य
Scholar	स्कॉलर	विद्यार्थी, विद्वान
Scorn	स्कॉर्न	तिरस्कार
Scoundrel	स्काउन्ड्रल	पाजी, दुष्ट
Scraggy	स्क्रेगि	दुर्बल, अस्थि पंजर
Scrawl	स्क्राल	घसीटकर लिखना
Scream	स्क्रीम	चीखना, ठहाका मारकर हंसना
Script	स्क्रिप्ट	लिखावट, लिपि
Scrutiny	स्क्रटिनि	सूक्ष्म परीक्षण
Sear	सिअर	सूखना, सुखाना
Seasonably	सीजनेबलि	उचित समय या अवसर पर
Secluded	सिक्लूडेड	एकांतिक
Secrecy	सीक्रेसि	गोपनीयता
Security	सिक्यूरिटि	सुरक्षा, प्रतिभूति
Sedate	सिडेट	गम्भीर, शांत
Sedition	सिडिशन	राजद्रोह
Seduce	सिड्यूस	बहकाना, प्रलोभित करना
Seek	सीक	खोजना, जांचना
Seeming	सीमिंग	दिखावा करना
Seemly	सीमलि	सुन्दर, उचित

Segregation	सेग्रिगेशन	पृथक्करण, अलगाव
Seismic	सीजमिक	भूकम्प सम्बन्धी
Seldom	सेल्डम	कदाचित, शायद
Selfish	सैल्फिश	स्वार्थी
Senseless	सेन्सलैस	ज्ञानहीन, चेतनाहीन
Shadowy	शैडोइ	छायादार, अवास्तविक
Shameful	शेमफुल	लज्जाजनक
Shanty	शैन्टि	झोंपड़ी
Shapely	शेपलि	सुन्दर, सुरूप
Shark	शार्क	एक भयंकर समुद्री मछली
Shears	शिअर्स	बड़ी कैंची
Sheen	शीन	प्रभा, तेज, चमक
Shiftless	शिफ्टलैस	साधनहीन
Sieve	सीव	झरना, छलनी
Silent	साइलेन्ट	निःशब्द, नीरव
Silkworm	सिल्क वर्म	रेशम का कीड़ा
Simplify	सिम्प्लीफाई	सरल या सहज करना
Sincere	सिन्सिअर	निष्कपट, सच्चे कार्य की लगन से युक्त
Site	साइट	स्थान, घटना स्थल
Skill	स्किल	कौशल
Skirl	स्कर्ल	चीं,चीं शब्द करना
Skull	स्कल	कपाल, खोपड़ी
Sleek	स्लीक	चिकना, चमकीला
Slim	स्लिम	दुबला, पतला
Slogan	स्लोगन	किसी दल का नारा
Slum	स्लम	गंदी गली
Snick	स्निक	हलका कटाव या छेद करना
Snuff	स्नफ	सूंघना
Social	सोशल	सामाजिक
Soil	सोइल	मिट्टी, भूमि

Spanless	स्पानलैस	जो मापा न जा सके
Sparking	स्पार्किंग	चिंगारी छोड़ने वाला
Sphere	स्फीअर	आकाशीय पिंड, कार्य क्षेत्र
Spouse	स्पाउज	पति या पत्नी
Stack	स्टैक	ढेर
Status	स्टेटस	पद, सामाजिक स्थिति
Steppe	स्टेप	वृक्षहीन विस्तृत घास का मैदान
Stifle	स्टिफ्ल	गला
Suable	सूएबल	दावा करने योग्य
Suave	स्वैव	नम्र, विनीत
Sublimate	सब्लिमेट	उन्नत करना
Sufficient	सफिशिएंट	पर्याप्त, काफी
Suicide	सुसाइड	आत्महत्या
Suitable	सूटेबल	योग्य
Surface	सरफेस	सतह, ऊपरी तल
Swear	स्वेअर	शपथ लेना
Sweeten	स्वीटन	मधुर या मीठा करना
Swoon	स्वून	मूर्च्छा
Syllable	सिलेबल	शब्दांश
Symbol	सिम्बल	प्रतीक चिन्ह
Sympathy	सिम्पैथी	सहानुभूति
Symptom	सिम्प्टम	लक्षण
Synonym	सिनॉनिम	पर्याय
Syrup	सिरप	शीरा, चाशनी

T

Tablet	टैबलेट	दवा की छोटी गोली
Tackle	टैक्कल	पकड़ना, थामना
Tact	टैक्ट	युक्ति
Tail	टेल	पूंछ, पिछला भाग
Tailor	टेलर	दर्जी

Taint	टेन्ट	धब्बा, दोष
Tale	टेल	कथा, कहानी
Talent	टेलेन्ट	प्रतिभा
Talk	टाक	बातचीत करना
Tall	टॉल	ऊंचा, लंबा
Tamable	टेमेबल	पालने योग्य
Tame	टेम	पालतू
Tangled	टैंगल्ड	उलझा हुआ
Tape	टेप	फीता, पट्टा
Target	टारगेट	लक्ष्य, छोटी दाल
Tarn	टार्न	पहाड़ी झील
Tart	टार्ट	खट्टा, कटु
Task	टास्क	काम, कर्त्तव्य
Tasteful	टेस्टफुल	स्वादिष्ट
Tatter	टैटर	चिथड़ा
Tender	टेंडर	कोमल, मुलायम
Tenderling	टेंडर्लिंग	लाडला
Tenet	टेनेट	मत, धारणा
Tension	टेंशन	खिंचाव, कसाव
Tepid	टेपिड	गुनगुना
Terrible	टेरिबल	भंयकर, डरावना
Texture	टेक्स्चर	बुनावट या बनावट
Thankful	थैंकफुल	कृतज्ञ
Theatre	थिएटर	नाट्यशाला, व्याख्यान-भवन
Theme	थीम	निर्धारित विषय
Theology	थियोलॉजी	धर्मशास्त्र, वेदान्त
Thermal	थर्मल	ताप या उष्मा सम्बन्धी
Thicket	थिकेट	झाड़ी
Thigh	थाई	जंघा
Thirst	थर्स्ट	प्यास
Thorny	थॉर्नि	कंटीला

Thrall	थ्राल	गुलाम
Thread	थ्रेड	धागा
Threat	थ्रेट	धमकी
Thud	थड	धमाका
Tide	टाइड	ज्वार भाटा
Tidy	टिडि	स्वच्छ, साफ-सुथरा
Tilt	टिल्ट	झुकाव
Tiny	टाइनि	नन्हा, बहुत छोटा
Tired	टायर्ड	थका हुआ
Titter	टिट्टर	दबी हँसी
Tomb	टाम्ब	कब्र, समाधि
Toothsome	टूथसम	स्वादिष्ट
Tour	टूर	परिभ्रमण, पर्यटन
Toxic	टॉक्सिक	विषैला
Trait	ट्रेट	आभास, विशेषता
Trance	ट्रेंस	अचेत अवस्था
Tunnel	टनेल	सुरंग
Twit	ट्विट	डांटना, ताना मारना
Tyro	टॉयरो	नक्सीखिया

U

Uberous	यूबरस	उपजाऊ, प्रचुर
Uberty	यूबर्टि	बहुतायत, उपजाऊपन
Ugly	अगृलि	कुरूप, भद्दा
Ulterior	अल्टीरिअर	आगे का, दूर का
Ultimate	अल्टीमेट	दूरतम, अंतिम
Umpire	अम्पायर	मध्यस्थ, पंच
Unaware	अनअवेयर	अनभिज्ञ, अनजान
Uncanny	अनकैनि	विलक्षण, अलौकिक
Uncertain	अनसर्टेन	अनिश्चित
Underline	अंडरलाइन	रेखांकित करना

Undermine	अंडरमाइन	जड़ खोदना, गुप्त रूप से हानि पहुँचाना
Unfair	अनफेयर	अन्यायपूर्ण
Unfold	अनफोल्ड	उघारना, फैलाना
Unique	यूनीक्	अनुपम
Unity	यूनिटि	एकता
Universe	यूनिवर्स	जगत, विश्व
Unless	अनलैस	जब तक
Unravel	अनरैवल	सुलझाना
Unrest	अनरैस्ट	अशांति, व्याकुलता
Upright	अपराइट	खड़ा, सीधा, न्यायी, ईमानदार
Upshot	अपशाट	परिणाम या अंत
Urbane	अरबेन	नागरिक
Urgent	अर्जेन्ट	अति आवश्यक
Usage	यूसेज	प्रथा, रीति
Useful	यूजफुल	उपयोगी
Usual	यूजुअल	सामान्यतः
Utensil	यूटेन्सिल	घरेलू उपकरण
Utility	यूटिलिटि	उपयोगिता, लाभ
Utmost	अटमोस्ट	दूरतम, चरम
Utterly	अट्टर्लि	पूर्ण रूप से

V

Vacancy	वेकन्सि	रिक्त पद
Vacate	वेकेट	रिक्त करना
Vagrant	वेग्रन्ट	आवारा
Vague	वेग	अनिश्चित
Vainly	वेनलि	गर्व से
Vale	वेल	घाटी
Valediction	वैलिडिक्शन	अभिवादन (विदाई का)
Valiant	वैलिअन्ट	वीर, साहसी

Valid	वैलिड	प्रबल, वैध, पुष्ट
Vanish	वैनिश	अदृश्य होना
Vanquish	वैन्क्विश	जीतना, हराना
Vapourer	वेपरर	डींग हांकने वाला
Various	वेरिअस	विभिन्न
Vase	वेस	सजावटी पात्र
Vast	वास्ट	विशाल
Vaunt	वाउन्ट	डींग मारना
Vegetarian	वेजिटेरिअन	शाकाहारी
Velocity	वेलॉसिटि	वेग, गति, चाल
Velvet	वेलवेट	मखमल
Vend	वेन्ड	बिक्री करना
Vender	वेन्डर	विक्रेता
Venge	वेन्ज	बदला लेना
Venue	वेन्यू	गली
Verdant	वरडन्ट	ताजा हरा
Versed	वर्स्ड	प्रवीण, निपुण
Version	वर्सन	अनुवाद, वर्णन
Vibration	वाइब्रेशन	प्रकंपन
Victorious	विक्टरिअस	जीतने वाला
Viewless	व्यूलैस	दृश्यहीन
Vigour	विगअर	शक्ति, बल
Villain	विलअन	खलनायक
Vim	विम	बल, शक्ति
Vine	वाइन	अंगूर की लता
Violation	वायलेशन	नियम आदि का उल्लंघन
Virgin	वरजिन	कुंवारी कन्या
Virtual	वर्चुअल	वास्तविक
Visage	विजेज	मुखाकृति
Visible	विजिबल	प्रत्यक्ष, दृष्टिगोचर
Vision	विजन	दृष्टि, कल्पना

Vitality	वाइटैलिटि	जीवनी शक्ति, प्राण, चेतना
Vivid	विविड	सजीव, स्पष्ट, तीव्र
Vizard	विजर्ड	मुकुट, नकाब
Vocal	वोकल	वाचिक
Voidness	वॉइडनैस	शून्यता
Voluntry	वॉलन्टरि	स्वैच्छिक
Voyage	वॉयेज	समुद्र-यात्रा
Vulgarity	वल्गेरिटी	गंवारपन, भद्दापन
Vulture	वल्चर	गिद्ध

W

Wabble	वॉब्बल	डगमगाना
Wager	वेगर	दांव लगाना
Waif	वेफ	लावारिस वस्तु, बिना घर का मनुष्य
Waive	वेव	अधिकार त्यागना, छोड़ना
Waken	वेकन	जागना, जगाना
Wan	वान	पीला, रोगी, सुस्त
Wander	वॉन्डर	घूमना, विचरना
Wantage	वान्टेज	कमी, अभाव
Wantwit	वांटविट	मूर्ख
Warden	वार्डेन	संरक्षक
Warmth	वार्म्थ	गर्माहट, उत्साह
Warning	वार्निंग	चेतावनी
Warranted	वारन्टेड	प्राधिकृत, प्रतिभूत
Wary	वेअरि	सावधान, सचेत
Wasteful	वेस्टफुल	विनाशकारी
Watchful	वॉचफुल	सावधान
Waterfall	वॉटरफाल	जल प्रपात
Waterway	वॉटरवे	जलमार्ग (नदी, नहर आदि)
Waxy	वैक्सी	चिपचिपाहट

Wayward	वेवर्ड	स्वेच्छाचारी
Weakling	वीकलिंग	दुर्बल प्राणी
Weal	वील	कल्याण
Wealthy	वैल्दी	धनी
Wedded	वेडेड	विवाहित
Wedding	वेडिंग	विवाह
Weeds	वीड्स	विधवा के शोक वस्त्र
Ween	वीन	धारण होना, अनुमान करना
Welfare	वैलफेयर	कल्याण
Wheedle	व्हीडल	झूठी प्रशंसा करना
Whelp	व्हेल्प	शेर का बच्चा
Whet	व्हेट	रगड़ कर पैना करना
Whey	व्हे	छाछ या मट्ठा
Whim	व्हिम	मन की लहर
Whipsaw	व्हिपसा	आरा
Whirlpool	व्हर्लपूल	नदी का भंवर
Whisk	व्हिस्क	झपट, छोटी झाड़ू
Wholesome	होलसम	स्वास्थ्यकर
Wholly	होल्लि	पूर्ण रूप से
Whore	व्होर	दुश्चरित्र स्त्री
Wicked	विकेड	दुष्ट, पापी
Widespread	वाइडस्प्रेड	विस्तृत, व्यापक
Wilderness	वाइल्डरनैस	वीरान, उजाड़ स्थान
Wile	वाइल	हाव-भाव
Willing	विलिंग	इच्छुक
Windy	विन्डि	तूफानी, बकवासी
Wintry	विन्ट्रि	ठंडा
Wisdom	विजडम	ज्ञान, पांडित्य
Wishful	विशफुल	इच्छुक
Wistful	विस्टफुल	उन्कंठित, ललचाया

Witchcraft	विचक्रॉफ्ट	जादू-टोना
Woe	वो	कष्ट, दुःख, शोक
Wonderful	वंडरफुल	अद्भुत, विलक्षण
Woo	वू	प्रेम जतलाना
Worth	वर्थ	मूल्य, गुण, योग्यता
Wrongful	रांगफुल	अन्यायपूर्ण
Wry	राई	मोड़ा हुआ, ऐंठा हुआ

X

Xanthic	जैन्थिक	पीले रंग का
Xenial	जीनिअल	अतिथि सत्कार सम्बन्धी
Xenomania	जैनोमैनिया	विदेशी वस्तुओं से विशेष प्रेम
Xerox	जीरॉक्स	प्रतिलिपि करना

Y

Yahoo	याहू	असभ्य जंगली आदमी
Yare	येअर	तीव्र, फुर्तीला
Yarn	यार्न	सूत, धागा, कहानी
Yawn	यान	जम्हाई लेना
Yearn	यर्न	लालसा होना या करना
Yeast	यीस्ट	खमीर, झाग
Yell	येल	जोर की चिल्लाहट
Yeoman	योमैन	भूमिधर, छोटा जमींदार
Yerk	यर्क	आकस्मिक झटका
Yet	येट	तो भी, अभी भी, तथापि, अब तक
Yoke	योक	जुआ, अधीनता, बैल की जोड़ी
Yokel	योकल	देहाती मूर्ख
Yonker	यान्कर	युवा पुरुष

Yore	योर	प्राचीन काल
Young	यंग	युवा तरुण
Youngester	यंगस्टर	लड़का
Youth	यूथ	यौवन, युवा, युवक
Yule	यूल	ईसाईयों का बड़े दिन का त्यौहार

Z

Zeal	जील	उत्साह
Zealot	जेलॉट	उत्साही मनुष्य
Zebu	जेब्यू	पालतू सांड
Zenith	जेनिथ	उच्च कोटि
Zero	जीरो	शून्य
Zest	जेस्ट	स्वाद, अभिरुचि
Zigzag	जिग्जैग	टेढ़ी-मेढ़ी लकीर या रास्ता
Zonal	जोनल	क्षेत्रीय
Zoo	जू	चिड़ियाघर
Zoology	जूलॉजी	जंतु विज्ञान
Zoonic	जूनिक	पशु सम्बन्धी
Zoophilist	जॉअफलिस्ट	पशुओं का प्रेमी
Zoster	जॉस्टर	एक प्रकार का चर्म रोग